Hl. Hildegard

Edelkastanien

Hl. Hildegard

Edelkastanien

Koch- und Backbuch

Herausgegeben durch die
Basler Hildegard-Gesellschaft

Pattloch Verlag

Pattloch Verlag, Augsburg

Titelfoto: K. H. Eckhardt, Anthony Verlag, Starnberg
Satz: 9/10 P. Antique Olive von Cicero Lasersatz, Augsburg
Gesamtherstellung: Wiener Verlag, Himberg bei Wien
Printed in Austria
ISBN 3-629-00064-9

Inhaltsverzeichnis

Alle Rezepte sind für 4 Personen berechnet.

Vorwort

In der Ernährung nach Hildegard von Bingen kommt neben dem Dinkel auch der Edelkastanie (Marroni) eine besondere Bedeutung zu. Nach Hildegard ist alles von diesem Baum *nützlich gegen jede Schwäche, die im Menschen ist.* Erstaunlich vielseitig sind denn auch die Empfehlungen Hildegards in der Physica im Kapitel über die Edelkastanie. Näheres darüber im Anhang dieses Buches.

Wir freuen uns, daß es möglich war, so rasch nach dem Dinkelkochbuch dieses Marronikochbuch vorzulegen. Besonderer Dank geht an Frau Marlis Looser, die viel Vorarbeit geleistet und manche wertvolle Anregung gegeben hat. Herr Hansjörg Edele vom Hildegard-Kochstudio hat die Rezepte getestet, überarbeitet und die vorliegende Sammlung zusammengestellt. Ihnen gebührt herzlicher Dank, ebenso den vielen Hildegard-Freundinnen, die direkt oder indirekt mitgeholfen haben.

Man kann nicht genug betonen, daß die heilige Hildegard weder praktizierende Ärztin noch Köchin war. Dies entgegen den Annahmen und Behauptungen, die immer wieder vorgebracht und von einem Buch in das andere abgeschrieben werden.

Und man muß sich auch davor hüten, die Bedeutung Hildegards nur darin zu sehen, daß sie uns eine große Zahl von Rezepten und Empfehlungen für die körperliche Gesundheit und das körperliche Wohlergehen gegeben hat. Diese sind sehr wertvoll, aber nicht entscheidend.

Entscheidend ist vielmehr, daß es nach Hildegard letztlich allein auf das ewige Heil, die Erlösung, ankommt. Hildegards Schau umfaßt den Menschen als wichtigen Teil des göttlichen Erlösungswerkes und als Teil des Kosmos, sie begreift den Menschen mit Leib und Seele, beide untrennbar verbunden. Jede Empfehlung Hildegards muß in diesem großen Zusammenhang gesehen werden. Eine Orientierung und Ausrichtung an der heiligen Hildegard ist gerade dann für unsere Zeit von Wert, wenn man sie in ihrer vollen Bedeutung zu erfassen versucht.

Basel, im Mai 1992

BASLER HILDEGARD-GESELLSCHAFT

Cyrill Bürgel

Verzeichnis A: Rezepte nach Gerichten

Verzeichnis A: Rezepte nach Gerichten

Verzeichnis A: Rezepte nach Gerichten

Verzeichnis B: Rezepte alphabetisch

Verzeichnis B: Rezepte alphabetisch

Verzeichnis B: Rezepte alphabetisch

Gebratene Edelkastanien

1 kg frische Edelkastanien	waschen, auf der gewölbten Seite einschneiden, auf ein abgespültes Backblech geben

Backzeit: Im Ofen bei 220 Grad 30–40 Minuten braten, herausnehmen und sofort schälen. Im Heißluftofen bei 180 Grad.

Tip
Edelkastanien von Zeit zu Zeit schütteln und mit Wasser bespritzen. Kleine Mengen können in der Bratpfanne auf dem Herd zubereitet werden. Deckel auf die Pfanne geben!

Ballote

800 ml Wasser **1 Kaffeelöffel Salz** **1/2 Kaffeelöffel Fenchelsamen** **2 Lorbeerblätter**	in einem Kochtopf aufkochen
1 kg frische Edelkastanien	auf der runden Seite einschneiden, beigeben und 10 Minuten köcheln lassen, Kochwasser weggießen
Edelkastanien	in der Pfanne oder auf einem Blech im Ofen bei 100 Grad trocknen lassen, schälen und auf einem Küchentuch erkalten lassen

Tip
Schalen und Kochwasser für Rheuma-Dampfbad aufbewahren.

Geröstete Edelkastanien

1 kg Edelkastanien	kreuzweise einkerben, nebeneinander auf ein Backblech legen
20 g Salz	darüberstreuen

Backzeit: Im Ofen 30 Minuten bei 180 Grad rösten. Im Heißluftofen bei 150 Grad, bis die Edelkastanien gar sind, herausnehmen, mit einem Tuch das Salz abreiben, sofort servieren.

Tip
Dazu paßt frische Butter.

Edelkastanien schälen

1 kg frische Edelkastanien	waschen, abtrocknen und auf der runden Seite einschneiden
Edelkastanien	in einem Kochtopf mit Wasser bedeckt 3 Minuten köcheln lassen, Kochtopf von der Herdplatte nehmen
Edelkastanien	einzeln herausnehmen, mit einem Messer schälen und auf einem Küchentuch erkalten lassen

Tip
Nicht mehr als 500 g auf einmal kochen, wenn nur eine Person schält, da sonst die letzten Edelkastanien weich sind.
Pro kg frische Kastanien bleiben etwa 800–900 g geschälte übrig.

Kochwasser und Schalen der Edelkastanien für Rheuma-Dampfbad aufbewahren.

Anstelle von frischen geschälten Edelkastanien kann man auch geschälte gefrorene nehmen, die Kochzeiten bleiben dabei gleich.

Edelkastanien sterilisieren

300 g Vollrohrzucker **1 Liter Wasser**	in einem Kochtopf gut aufkochen und erkalten lassen
	geeignete Gläser mit intaktem Gummiring, Glasdeckel und Klammer in heißem Wasser ausspülen und auf einem Tuch abtropfen lassen
1 kg geschälte Edelkastanien	in die Gläser einschichten, mit Zuckerwasser zu 2/3 füllen, den Rand nochmals gut reinigen, Gummiring-Deckel und Klammer exakt aufsetzen und verschließen
Gläser	im Sterilisiertopf 20 Minuten köcheln lassen. Die Gläser sollten nicht direkt auf dem Topfboden stehen, sondern auf einem Drahtuntersatz, auch sollten sie sich nicht berühren. Das Wasser wird bis zu 3/4 der Gläser aufgefüllt, der Topf gut zugedeckt und langsam zum Kochen gebracht
Kochzeiten	vom Siedepunkt an berechnen. Das Wasser sollte nach kurzem Aufkochen nur noch ziehen. Während des Garens sollte der Deckel des Topfes nicht abgedeckt werden, erst nach der Sterilisierzeit. Den Topf stehen lassen, die Gläser nach 10 Minuten herausnehmen, unter einem Tuch abkühlen lassen, beschriften und an einem dunklen, kühlen und trockenen Ort aufbewahren.

Tip
Statt süß können die Kastanien auch salzig sterilisiert werden.
Die Flüssigkeit besteht dann aus: 1 Liter Wasser und 20 g Salz.
Wer es weniger süß liebt, kann den Vollrohrzucker-Anteil reduzieren.
Auch Kastanienpüree gesalzen oder gesüßt kann sterilisiert werden, die Sterilisierzeit beträgt nur noch 10 Minuten.

Edelkastanien einfrieren

500 g frische Edelkastanien waschen, auf der runden Seite einschneiden

Edelkastanien in einem Kochtopf mit Wasser bedeckt, 3 Minuten köcheln lassen, Kochtopf von der Herdplatte nehmen

Edelkastanien einzeln herausnehmen, mit einem Messer schälen und auf einem Küchentuch erkalten lassen.
Zum Einfrieren nur die schönsten Edelkastanien nehmen, in Plastikbeutel oder verschließbare Plastik-Dosen einfüllen bis 1 cm unter den Rand, da sich das Kühlgut etwas ausdehnt.
Möglichst in Mengen abpacken, die auf einmal aufgebraucht werden können.
Je schneller und je tiefer ein Nahrungsmittel abgekühlt wird, desto kleinere Eiskristalle bilden sich, das Gewebe wird dadurch weniger durch das Einfrieren gesprengt. Deshalb nie zuviele Lebensmittel auf einmal einfrieren.
Tiefgekühlte Nahrungsmittel sind lange haltbar, doch sie verlieren bei zu langer Lagerung an Geschmack und Nährwert.

Edelkastanien nicht länger als 18 Monate eingefroren lassen.

Auftauen: Die Edelkastanien gefroren ins Kochwasser geben.

Edelkastanien »konservieren«

Backblech	mit einem feuchten Tuch auslegen
frische Edelkastanien (die Schalen sollten unverletzt sein)	auf das Tuch geben und damit zudecken

Backzeit: Im Backofen bei 100 Grad, 25–30 Minuten garen lassen, im Heißluftofen bei 70 Grad. Herausnehmen, aus dem Tuch wickeln und an einem kühlen trockenen Ort aufbewahren.

Tip
Am besten gart man Edelkastanien nach dem Brotbacken, wenn die Hitze des Ofens nachläßt.
Die Schalen dürfen nicht springen, sonst werden die Edelkastanien nach einiger Zeit schwarz und unansehnlich.
In manchen Gegenden werden die Edelkastanien geschält und dann im Ofen oder an der Luft getrocknet oder sie werden einige Tage in Wein eingelegt und dann zum Trocknen an Schnüren aufgereiht.

Edelkastaniensuppe mit Eiern

200 ml Wasser	in einen Kochtopf geben, aufkochen
1 Prise Salz **20 geschälte Edelkastanien**	beigeben, 20 Minuten köcheln lassen, in die Passiermaschine geben und in den Kochtopf zurückseihen
800 ml Wasser **4 Teelöffel Hildegard-Würze**	beigeben, aufkochen, evtl. mit Salz und Pfeffer nachwürzen
2 Eigelb **2 Eßlöffel Rahm**	in einer Suppenschüssel verrühren, die Bouillon mit dem Edelkastanienpüree unter Rühren in die Suppenschüssel gießen
Schnittlauch, geschnitten	darüberstreuen, servieren

Edelkastaniensuppe Gärtnerin-Art

1 Liter Wasser	in einem Kochtopf aufkochen
4 Teelöffel Hildegard-Würze **50 g geschälte Edelkastanien**	beigeben
1/2 Zwiebel	schälen, fein schneiden, beigeben
1 Eßlöffel Rotwein	beifügen, ca. 20 Minuten köcheln lassen, ab und zu mit einer Schaumkelle den Schaum abschöpfen
Suppe	in die Passiermaschine geben und in den Kochtopf zurückseihen
100 g Fenchel	waschen, in feine Streifen schneiden
50 g Möhren	waschen, schälen, in feine Streifen schneiden, in die Suppe geben und nochmals ca. 5 Minuten kochen lassen. Evtl. nachwürzen mit Salz und Pfeffer und servieren.

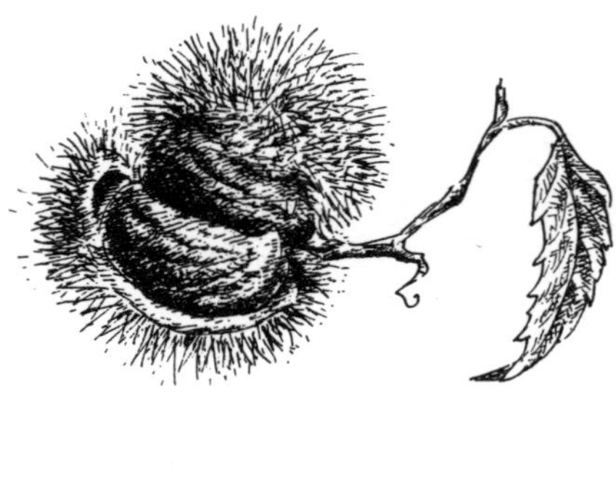

Edelkastaniensuppe

150 g geschälte Edelkastanien **4 Teelöffel Hildegard-Würze** **1 Liter Wasser**	in einem Kochtopf ca. 20 Minuten köcheln lassen
Edelkastanien	mit dem Kochwasser in die Passiermaschine geben und in eine Schüssel seihen
20 g Butter	in einem Kochtopf erwärmen
1 Zwiebel	schälen, fein schneiden
2 Eßlöffel Pilze	schneiden, beigeben und andünsten
passierte Edelkastanien	dazurühren, 10 Minuten leicht köcheln lassen, wenn nötig mit Salz und Pfeffer abschmecken
1 Dinkel-Brötchen oder **30 g Dinkelbrot**	in Würfel schneiden und ohne Fett in einer Bratpfanne leicht anrösten
50 g gekochtes Brustfleisch von Wildgeflügel	in Streifen schneiden
Suppe	in eine Suppenschüssel oder Suppentassen geben, Fleisch und Brotwürfel darüberstreuen

Tip
Nach Belieben 3–4 ganze, weichgekochte Edelkastanien zerkleinern, als Suppeneinlage.

Edelkastaniensuppe mit Reis und Bohnen

150 g getrocknete Edelkastanien	in einer Schüssel mit Wasser bedeckt über Nacht einweichen, Einweichwasser weggießen
150 g getrocknete Bohnen	in einer Schüssel mit Wasser bedeckt über Nacht einweichen, Einweichwasser weggießen
150 g Vollkornreis	in einer Schüssel mit Wasser bedeckt über Nacht einweichen, Einweichwasser weggießen
20 g Butter	in einem Kochtopf zergehen lassen
1 Zwiebel, fein geschnitten	beigeben, glasig andünsten
1 Liter Wasser **4 Teelöffel Hildegard-Würze**	dazurühren
Edelkastanien, Reis, Bohnen	1 1/2 Stunden kochen lassen, wenn nötig Wasser nachgießen
100 g Rinderschinken	in Würfel geschnitten, dazugeben
Quendelkraut und Kubebenpfeffer nach Belieben	in die Suppe einrühren
Suppe	nochmals 1/2 Stunde köcheln lassen, wenn nötig mit Hildegard-Würze nachwürzen
Suppe	von der Herdplatte nehmen
50 ml flüssigen Rahm	einrühren und anrichten

Edelkastaniencremesuppe

20 g Butter	in einem Kochtopf zergehen lassen
1/2 Teelöffel Quendel geschnitten **100 g Fenchel, grob gewürfelt**	beigeben und goldgelb dünsten
500 g geschälte Edelkastanien **1 Liter Wasser** **4 Teelöffel Hildegard-Würze** **100 g Paniermehl**	beigeben, 30 Minuten köcheln lassen, in die Passiermaschine geben und in den Kochtopf zurückseihen
Salz und Pfeffer	wenn nötig zum Nachwürzen, beigeben, aufkochen, anrichten
1/2 Teelöffel Petersilie	waschen, hacken und über die Suppe streuen

Tip
Schmeckt vorzüglich mit Butter und Toast serviert.

Reis-Edelkastaniensuppe

1 Liter Wasser **4 Teelöffel Hildegard-Würze**	in einem Kochtopf aufkochen
200 g geschälte Edelkastanien **20 g Butter** **100 g Reis oder** **100 g Kernotto**	beigeben, 20 Minuten köcheln lassen wenn nötig mit Salz und Pfeffer nachwürzen, im Teller anrichten
1/2 Teelöffel Petersilie	waschen, hacken und über die Suppe streuen.

Rinderzunge auf Limousiner Art

1 frische Rinderzunge **3 Liter Wasser** **2 Teelöffel Salz** **1 Zwiebel, geschält, halbiert** **1 Gewürznelke** **1 Lorbeerblatt**	in einem Kochtopf ca. 3 Stunden zugedeckt bei geringer Hitze ziehen lassen, wenn nötig Wasser nachfüllen, die Zunge sollte mit Wasser bedeckt sein
Zunge	herausnehmen, wenn die Zungenspitze weich ist, kalt abspülen und die Haut abziehen, leicht schräg in Scheiben schneiden. In etwas Sud erwärmen und warm halten.
200 g geschälte Edelkastanien **500 ml Wasser** **2 Prisen Salz**	in einem Kochtopf 20 Minuten köcheln lassen, Kochwasser weggießen
Edelkastanien	in die Passiermaschine geben und in eine Schüssel seihen
50 ml Milch	in einem Kochtopf erwärmen
Edelkastanienpüree	einrühren, wenn nötig nachsalzen. Wird als Beilage serviert.
Sauce: **30 g Sonnenblumenöl**	in einem Kochtopf erwärmen
1 Knoblauchzehe, zerdrückt **1 Zwiebel, fein geschnitten**	beigeben, andünsten
30 g Tomatenpüree **2 Prisen Salz** **5 geschälte Tomaten**	in Würfel schneiden, beigeben
2 Messerspitzen Quendel	beigeben, bei geringer Hitze mindestens 20 Minuten köcheln lassen, wenn nötig nachwürzen mit Salz und Pfeffer
Sauce	über die warmen Zungenscheiben geben

100 g kleine Zwiebelchen	schälen, in einem Kochtopf in etwas Salzwasser 10 Minuten köcheln lassen, in ein Sieb geben und abtropfen lassen
20 g Butter	in einer Pfanne erhitzen
Zwiebelchen	darin schwenken, über die Zunge geben

Rindfleisch-Edelkastanien-küchlein

200 g geschälte Edelkastanien	in einem Kochtopf mit Wasser bedeckt, 20 Minuten köcheln lassen, Kochwasser weggießen
Edelkastanien	in die Passiermaschine geben und in eine Schüssel seihen
1 Zwiebel	schälen, fein schneiden
400 g gehacktes Rindfleisch 50 g Paniermehl 2 Eier 20 g Parmesankäse 1/4 Teelöffel geriebener Muskat 1 Teelöffel Salz 1/2 Teelöffel Pfeffer 2 Messerspitzen Galgantpulver 1 Teelöffel Hildegard-Würze	beigeben, das Ganze gut mischen
Masse	zu Küchlein formen, auf einem mit Dinkelmehl bestäubten Kuchenblech 1/2 Stunde im Kühlschrank ruhen lassen
2 Eßlöffel Sonnenblumenöl	in einer Bratpfanne erhitzen und die Küchlein vorsichtig ausbacken

Tip: Schmeckt gut mit gekochten Karotten, vermischt mit Butter und gehackter Petersilie.

Rinderfilet Clermont

100 g geschälte Edelkastanien **200 ml Wasser**	in einem Kochtopf 10 Minuten köcheln lassen, Kochwasser weggießen
100 g Perlzwiebelchen	schälen, in einem Kochtopf mit Salzwasser fast weichkochen, in ein Sieb geben
100 g Möhren	waschen, schälen, in 2 cm lange Stücke schneiden, in einem Kochtopf mit Salzwasser fast weichkochen, in ein Sieb geben
3 Prisen Salz **2 Messerspitzen Galgantpulver**	in einem Schälchen mischen
600 g Rindsfilet am Stück	damit einreiben
30 g Sonnenblumenöl	in einem Schmortopf erhitzen, das Filet hineingeben und auf beiden Seiten kurz anbraten, herausnehmen und auf einen Teller legen
100 g Möhren **30 g Sellerie** **1 Zwiebel**	schälen, in Würfel schneiden und in den Topf geben, das Filet darauf legen, bei geschlossenem Deckel und mittlerer Hitze im Ofen ca. 20 Minuten leicht dünsten lassen, herausnehmen und warmhalten
30 g Dinkelweißmehl	in den Schmortopf streuen, anrösten
2 Prisen Salz	beigeben
100 ml Madeirawein	zum Ablöschen beigeben, 10 Minuten köcheln lassen, wenn nötig etwas Wasser nachgießen. Durch ein Sieb passieren, aufkochen, abschmecken mit Salz und Pfeffer und zum Fleisch geben.
30 g Butter	in einer Pfanne zergehen lassen
Abgetropfte Edelkastanien, **Möhren und Zwiebelchen**	beigeben, kurz andünsten
1 Prise Salz	beigeben, kurz schwenken und über das Fleisch geben

Wildpastetchen mit Edelkastanien

200 g geschälte Edelkastanien 200 ml Wasser 2 Prisen Salz	in einem Kochtopf 15 Minuten köcheln lassen
Edelkastanien	herausnehmen, grob hacken, in eine Schüssel geben
30 g Sonnenblumenöl	in einer Bratpfanne erhitzen
1 Zwiebel, fein geschnitten	beigeben, andünsten
300 g Reh- oder Hirschschnitzelfleisch	in feine Streifen schneiden, beigeben, mitdünsten
Fleisch	beigeben, kurz anbraten, herausnehmen
Zwiebel	beigeben, bei geringer Hitze andünsten
30 g Dinkelweißmehl	darüberstreuen, umrühren
200 ml Rotwein	dazugießen, mit einem Schwingbesen gut umrühren, aufkochen lassen
1/2 Eßlöffel Petersilie	hacken, beigeben
50 ml Rahm	einrühren
Salz, Pfeffer	beigeben, ca. 15 Minuten leicht köcheln lassen
Edelkastanien, Geschnetzeltes	beigeben, nicht mehr kochen lassen
4 Blätterteigpastetchen	damit füllen und servieren

Tip
Als Abendessen für 4 Personen sollte die doppelte Menge zubereitet werden.

Lammbraten mit gedörrten Edelkastanien

200 g gedörrte Edelkastanien	in einer Schüssel mit Wasser bedeckt über Nacht einweichen, Einweichwasser weggießen
1 kg Lammschulter oder Hals	vom Metzger zu einem Braten gerollt und gebunden
2 Eßlöffel Sonnenblumenöl	in einem Schmortopf erhitzen
Fleisch	darin anbraten, herausnehmen
100 g Fenchel, 50 g Möhren	
50 g Sellerie	waschen, schälen
1 Zwiebel	schälen, alles in grobe Würfel schneiden
1 Knoblauchzehe	schälen, halbieren
Gemüse, Zwiebel, Knoblauch	im Schmortopf gut andünsten
700 ml Wasser	hineingießen
Fleisch	beigeben
1 1/2 Teelöffel Salz, 1 Messerspitze Kubebenpfeffer gemahlen	
2 Messerspitzen Zimt gemahlen	dazugeben und im Ofen bei 250 Grad
1/2 Teelöffel Quendel	ca. 1 Stunde zugedeckt schmoren
1 Lorbeerblatt	lassen
Edelkastanien	dazugeben und nochmals 30 Minuten mit mehrmaligem Übergießen schmoren lassen bis das Fleisch weich ist
Fleisch	herausnehmen und aufschneiden, auf einer feuerfesten Platte warmhalten
Edelkastanien	herausnehmen und warmhalten
Sauce mit Gemüse	in die Passiermaschine geben und in den Kochtopf zurückseihen oder mit dem Stabmixer fein mixen. Anschließend aufkochen lassen und evtl. mit Salz und Pfeffer nachwürzen. Sauce über den Braten geben und mit den Edelkastanien als Beilage servieren.

Huhn mit Edelkastanien-Leberfüllung

2 mittelgroße Zwiebeln **1 Knoblauchzehe**	schälen, fein schneiden
200 g Hühnerleber	in 2 cm dicke Stücke schneiden
2 frische Salbeiblätter (oder 1/2 Teelöffel Ysop)	in feine Streifen schneiden
2 Eßlöffel Sonnenblumenöl	in einer Bratpfanne erhitzen, die Zwiebeln, Leber und Salbeiblätter dazugeben, goldgelb andünsten und in einer Schüssel erkalten lassen
150 g geschälte Edelkastanien	in einem Kochtopf mit Wasser bedeckt ca. 10 Minuten köcheln lassen, herausnehmen, grob hacken, mit der Leber mischen
2 Teelöffel Hildegard-Würze **1/2 Teelöffel Quendel gerebelt** **1 Messerspitze gemahlenen Muskat** **1 Messerspitze gemahlenen Pfeffer**	die Lebermischung damit würzen und nochmals kräftig mischen
1 großes Huhn (ca. 1,2 kg) oder zwei kleine (je 600 g)	die Haut einreiben, mit Salz und Pfeffer nach Belieben würzen
das Huhn oder die Hühner	mit der Lebermischung füllen und mit Bindfaden zunähen
2 Eßlöffel Sonnenblumenöl	in einem Bratgeschirr erhitzen, das Huhn oder die Hühner beigeben

Backzeit: Im Ofen bei 200 Grad ca. 1–1 1/2 Stunden, im Heißluftofen bei 170 Grad, braun braten lassen. Von Zeit zu Zeit mit dem eigenen Bratensaft übergießen, herausnehmen und servieren.

Masthuhn-Galantine

300 g geschälte Edelkastanien **400 ml Wasser** **1/2 Teelöffel Salz**	in einen Kochtopf geben, 20 Minuten kochen lassen, Kochwasser abgießen
Edelkastanien	in die Passiermaschine geben und in eine Schüssel seihen
1 Masthuhn ca. 1,5 kg	alle Knochen herauslösen, zerkleinern
Vom Brustfleisch	ca. 300 g herausschneiden und fein hacken
1 Zwiebel **1 Zitronenschale, gerieben** **100 g Möhren, gewürfelt** **30 g Sellerie, gewürfelt** **1 Lorbeerblatt** **1 Prise Salz** **1 Liter Wasser**	in einem Kochtopf mit den Geflügelknochen etwa 2 Stunden kochen lassen, absieben und in einem Gefäß erkalten lassen
Edelkastanienpüree **gehacktes Hühnerfleisch**	in eine Schüssel geben, mischen
3 Knoblauchzehen, zerdrückt **1 Zwiebel, fein geschnitten** **1/2 Teelöffel Majoran** **1/2 Eßlöffel Petersilie, gehackt** **3 Messerspitzen Quendel** **3 Prisen Salz** **1 Messerspitze Fenchelpulver** **2 Messerspitzen Bockshornklee-Samenpulver** **1 Messerspitze Pfeffer**	beifügen und nochmals gut mischen
Huhn	mit der Innenseite nach oben auf einem Tisch ausbreiten und mit der Füllung bestreichen, zusammenrollen. In ein Tuch einrollen, so daß an beiden Enden etwas Tuch übrig bleibt. Die Enden der Galantine mit Bindfaden zubinden wie eine Wurst, auch das mittlere Stück ein- bis zweimal einbinden

Knochenfond	in einem Kochtopf aufkochen, die Galantine hineingeben und bei geringer Hitze ca. 1 Stunde köcheln oder ziehen lassen
Galantine	herausnehmen und mit 1 kg Gewicht zwischen zwei Brettern pressen, bis sie erkaltet ist, mit dem Sud kann man eine Sulze machen
Sulze	pro Liter Flüssigkeit 20 Blatt Gelatine, 20 Minuten in kaltem Wasser einweichen, herausnehmen, abtropfen und in den warmen Sud geben, umrühren, bis die Gelatine zergangen ist
Sulze	einige Zeit im Kühlschrank in einer Form erstarren lassen
Galantine	in Scheiben schneiden, auf einer Fleischplatte anrichten. Mit Sulzwürfeln, Tomatenscheiben, Spargel und Petersilie garniert servieren.

Edelkastanienchili

200 g weiße Bohnen	in einer Schüssel mit kaltem Wasser bedeckt 4–5 Stunden einweichen
Bohnen	in ein Sieb geben, abtropfen lassen, Einweichwasser weggießen
30 g Sonnenblumenöl	in einem Schmortopf erhitzen
300 g Rindfleisch	in ca. 20 g schwere Würfel geschnitten, beigeben, das Fleisch gut darin anbraten
2 Knoblauchzehen und 100 g Zwiebeln fein geschnitten 1 Eßlöffel Tomatenpüree	beigeben und mit dem Fleisch leicht weiterdünsten
400 g geschälte Edelkastanien	beigeben
100 ml Rotwein 500 ml Wasser	zugießen
1 Teelöffel Salz 1/2 Teelöffel Paprika 1/2 Teelöffel gemahlener Pfeffer 1 Teelöffel Galgantpulver	einrühren und alles zusammen 1 Stunde leicht kochen lassen, bis das Fleisch, die Bohnen und die Edelkastanien weich sind. Wenn nötig nachwürzen mit Salz, Pfeffer, oder etwas Wasser nachgießen.
Chili	von der Herdplatte nehmen und servieren

Edelkastaniengulasch

30 g Sonnenblumenöl	in einem Schmortopf erhitzen
400 g Kalbfleisch	in 30 g schwere Würfel geschnitten beigeben, anbraten
200 g Zwiebeln, fein geschnitten **100 g Möhren, in kleine Würfel geschnitten** **20 g Tomatenpüree** **700 g geschälte Edelkastanien**	beigeben, mitdünsten
2 Eßlöffel Dinkelweißmehl	hineinstreuen
100 ml Rotwein **500 ml Wasser**	hineingießen, umrühren
1/2 Teelöffel Salz **1/2 Teelöffel Paprika** **1/2 Teelöffel Galgantpulver**	zum Würzen beigeben, aufkochen. Wenn nötig etwas Wasser nachgießen, damit das Gulasch nicht anbrennt. Ca. 1–1 1/2 Stunden leicht köcheln lassen, bis das Fleisch weich ist. Evtl. mit Salz und Pfeffer nachwürzen. Von der Herdplatte nehmen und sofort servieren.

Schnitz mit Edelkastanien

30 g Butter **40 g Vollrohrzucker**	in einem Schmortopf hellbraun anrösten
600 g geschälte Edelkastanien	beigeben, unter Schütteln kurz mitrösten, den Topf von der Herdplatte nehmen
500 ml Wasser	zugießen und 10–15 Minuten leicht köcheln lassen
400 g geräucherter Truthahn	in 1 cm dicke Scheiben geschnitten beigeben und nochmals 5 Minuten köcheln lassen. In ein Sieb geben, abtropfen lassen, auf einer Platte anrichten und im Ofen warm halten
15 g Maizena **100 ml Rahm**	in einer kleinen Schüssel gut verrühren, unter ständigem Rühren in die Kochflüssigkeit geben, 2 Minuten kochen lassen und über das Gericht verteilen

Tip
Dazu eignen sich Birnen, die nicht verkochen, z. B. Goldbirne oder Tirolerbirne. Wer es weniger süß liebt, kann den Vollrohrzuckeranteil reduzieren.

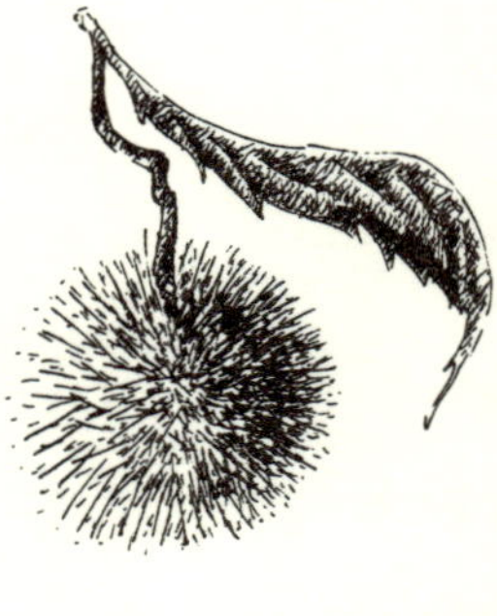

Edelkastanien mit Rauchfleisch

500 ml Wasser 1 Kaffeelöffel Salz 1 Prise Pfeffer 1 Eßlöffel Fenchelsamenpulver 300 g Rauchfleisch vom Rind	in einem Kochtopf ca. 50 Minuten schwach köcheln lassen
600 g geschälte Edelkastanien	beigeben, nochmals 10 Minuten köcheln lassen. Wenn nötig etwas Wasser nachgießen. Zum Schluß sollte das Wasser eingedünstet sein, nach Bedarf mit Salz, Pfeffer nachwürzen. Anrichten.

Tip: Mit entsprechendem Gemüse als Hauptmahlzeit servieren.

Reis und Edelkastanien

1 Liter Wasser	in einem Kochtopf aufkochen
2 Eßlöffel Salz 300 g geschälte Edelkastanien	beifügen, 20 Minuten köcheln lassen, in die Passiermaschine geben und in die Pfanne zurückseihen
2 Eßlöffel Sonnenblumenöl	in einem Kochtopf erhitzen
1 Zwiebel	schälen, fein schneiden, beigeben, andünsten
passierte Edelkastanien 50 g Reis	beifügen, ca. 20 Minuten köcheln lassen
mit Salz, Pfeffer	nach Belieben abschmecken
5 g Petersilie	waschen, fein schneiden

Tip: Als Beilage zu gebratenem Fleisch.

Zwiebeln mit Edelkastanien überbacken

1/2 Teelöffel Salz **400 ml Wasser**	in einem Kochtopf aufkochen
5 mittelgroße Zwiebeln	schälen, halbieren, beigeben und weichkochen, Wasser abschütten
Zwiebeln	in eine bebutterte Auflaufform geben
1 Kaffeelöffel Salz **500 ml Wasser**	in einem Kochtopf aufkochen
200 g geschälte Edelkastanien	beigeben und 20 Minuten köcheln lassen, Kochwasser abgießen
Edelkastanien	in die Passiermaschine geben und in eine Schüssel seihen
20 g Butter	in einem Kochtopf erhitzen
200 g Austernpilze	geschnitten beigeben, dämpfen
1 Teelöffel Hildegard-Würze **1 Messerspitze Pfeffer** **1 Eßlöffel Tomatenpüree** **1 Eßlöffel Wasser**	beigeben, umrühren und aufkochen
Edelkastanienpüree	beigeben, gut mischen und über die Zwiebeln geben
50 g geriebenen Käse	darüberstreuen
30 g Butter	in kleine Würfel schneiden und über dem Käse verteilen

Backzeit: Im Ofen bei 200 Grad 20 Minuten auf der 2. Schiene backen, im Heißluftofen bei 170 Grad. Herausnehmen und servieren.

Edelkastanien Germania

48 geschälte Edelkastanien	in einem Kochtopf mit Wasser bedeckt 5 Minuten köcheln lassen
Edelkastanien	herausnehmen und erkalten lassen
16 Salatblätter	in einem Kochtopf mit Wasser aufkochen und 1–2 Minuten leicht köcheln lassen. Herausnehmen, abtropfen lassen und auf dem Tisch auslegen.
3 Edelkastanien	in jedes Salatblatt legen und zu Päckchen verschließen
Päckchen	in eine gefettete Gratinform legen
2 Eßlöffel Butter	in einem Kochtopf erwärmen
2 Eßlöffel Dinkelweißmehl	beigeben, leicht andünsten
400 ml Milch	beigeben
2 Teelöffel Hildegard-Würze **1 Messerspitze Basilikumpulver** **1 Messerspitze Beifuß**	beigeben, 5 Minuten köcheln lassen, warm über die Salatpäckchen gießen
40 g Butterflocken	über die Sauce geben

Backzeit: Im vorgeheizten Ofen bei 200 Grad 20 Minuten auf der 2. Schiene backen. Im Heißluftofen bei 170 Grad.

Tip
Auf Wunsch kann geriebener Käse dazu gereicht werden.

Gefüllte Zwiebeln mit Edelkastanien

2 Eßlöffel Sonnenblumenöl	in einer Auflaufform ausstreichen
1/2 Teelöffel Quendel gerebelt **1 frisches Salbeiblatt, fein geschnitten** **4 Eßlöffel gehackte Petersilie**	auf den Boden der Form streuen
4 große Zwiebeln	schälen, quer durch halbieren und auf die Kräuter verteilen
Salz, Pfeffer, Muskat	nach Belieben würzen
100 ml Wasser	in einem Kochtopf aufkochen
1 Teelöffel Hildegard-Würze	hineinrühren und über die Zwiebeln gießen, im Ofen bei 200–250 Grad zugedeckt ca. 20–30 Minuten schmoren lassen. Im Heißluftofen bei 180–220 Grad. Wenn nötig von Zeit zu Zeit etwas Wasser nachfüllen.
Zwiebeln	herausnehmen und erkalten lassen, einen Teil des Inneren herausnehmen, als Deckel aufbewahren, anschließend das Äußere wieder in die Form geben
250 g geschälte Edelkastanien **300 ml Wasser**	in einem Kochtopf ca. 20 Minuten köcheln lassen, Kochwasser abgießen
Edelkastanien	in die Passiermaschine geben und in eine Schüssel seihen
1 Messerspitze Bertrampulver **1 Messerspitze Ysoppulver** **1/2 Teelöffel Salz** **1/2 Teelöffel Pfeffer gemahlen** **1/2 Teelöffel Muskat gemahlen**	beigeben, gut mischen
Masse	in die Zwiebelhälften füllen

8 Butterflocken	darauf geben, mit den Deckeln zudecken
50 g geriebenen Käse	darüberstreuen und im 200 Grad heißen Ofen, im Heißluftofen bei 170 Grad, ca. 10 Minuten überbacken

Edelkastanien-Gemüseeintopf

30 g Butter	in einem Kochtopf erwärmen
1 mittelgroße Zwiebel	schälen, fein schneiden, beigeben, andünsten
200 g Pastinake **300 g Fenchel** **300 g Möhren**	schälen, waschen, in grobe Würbel schneiden
200 g grüne Bohnen frisch	die Fäden entfernen, waschen und in grobe Würfel schneiden
400 g Edelkastanien Gemüse	in den Topf geben und ca. 5 Minuten bei kleinem Feuer mitdünsten
1 Liter Wasser	dazugießen
4 Teelöffel Hildegard-Würze	einrühren, 20–30 Minuten köcheln lassen
Salz, Pfeffer	nach Bedarf beigeben, in Suppenteller anrichten

Tip
Man kann geröstete Brotscheiben dazu servieren.

Lasagne mit Gemüse-Edelkastanienfüllung

200 g geschälte Edelkastanien	in einem Kochtopf mit Wasser bedeckt 20 Minuten köcheln lassen, Kochwasser weggießen
Edelkastanien	in die Passiermaschine geben und in eine Schüssel seihen
Nudelteig:	
200 g Dinkelweißmehl **1 Teelöffel Salz** **2 Eßlöffel kaltes Wasser** **1 Ei** **2 Eßlöffel Sonnenblumenöl**	in einer Schüssel zu einem einigermaßen trockenen Teig kneten, zugedeckt an einem mäßig warmen Ort 1 Stunde ruhen lassen
Teig	mit dem Nudelholz in dünne Stücke ausrollen, in 10 cm große Vierecke schneiden, in einem großen Topf mit Wasser kurz aufkochen und in einer Schüssel mit kaltem Wasser erkalten lassen
Gemüse-Edelkastanienfüllung:	
100 g Möhren	schälen, waschen, in feine Würfel schneiden
200 g frischen Spinat	waschen, in einem Kochtopf mit etwas Salzwasser kurz aufkochen, in ein Sieb geben und abtropfen lassen, in feine Streifen schneiden (oder 100 g tiefgekühlten Spinat auftauen lassen, in feine Streifen schneiden)
100 g Fenchel	waschen, in kleine Würfel schneiden
50 g Zwiebeln	schälen, fein schneiden
1 Teelöffel Quendel geschnitten **1 Teelöffel Beifuß geschnitten** **20 g Butter**	in einem Kochtopf erwärmen, Gemüse und Kräuter gut andünsten

1 Teelöffel Salz **Pfeffer**	nach Belieben beigeben
20 g Dinkelweißmehl	beigeben
100 ml Wasser	dazurühren und 5 Minuten dämpfen, von der Herdplatte nehmen
Edelkastanienpüree	beigeben, mischen
Weiße Sauce:	
15 g Sonnenblumenöl	in einem Kochtopf erwärmen
30 g Dinkelweißmehl	einrühren, erkalten lassen
500 ml Milch	in einem Kochtopf aufkochen lassen, das Mehlöl einrühren und unter dauerndem Rühren ca. 10 Minuten köcheln lassen
1/2 Teelöffel Salz **2 Messerspitzen Muskatpulver**	beigeben und von der Herdplatte nehmen
Feuerfeste Form	ausbuttern, den Boden mit Teig belegen, darauf die Edelkastanien-Gemüsemasse geben, mit Teig zudecken. Das Ganze ein- bis zweimal, je nach Höhe der Form, wiederholen, aber höchstens bis 1 cm unter den Rand anfüllen. Die oberste Lage sollte auf jeden Fall Teig sein.
weiße Sauce	darübergießen
20 g Butter	auf die Sauce verteilen
40 g geriebenen Käse	darüberstreuen

Backzeit: Im vorgeheizten Ofen bei 200 Grad, im Heißluftofen bei 170 Grad, in mittlerer Höhe backen.
Der Käse sollte braun und knusprig sein.

Edelkastanienterrine

400 g geschälte Edelkastanien	in einem Kochtopf mit Wasser bedeckt 10 Minuten köcheln lassen, 100 g Edelkastanien herausnehmen und in einer Schüssel erkalten lassen. Den Rest weitere 10 Minuten köcheln lassen, Kochwasser weggießen.
Weichgekochte Edelkastanien	in die Passiermaschine geben und in eine Schüssel seihen
100 g Sellerie **100 g Fenchel**	schälen, waschen, in grobe Würfel schneiden, in einem Kochtopf mit Wasser bedeckt ca. 20 Minuten weichkochen, Kochwasser weggießen, in die Passiermaschine geben und in eine Schüssel seihen
Edelkastanienpüree	beifügen, mischen
1/2 Teelöffel Salz **4 Eier, 250 Rahmquark**	beifügen
1/2 Teelöffel Fenchelsamenpulver **Pfeffer**	nach Belieben beifügen
50 g rote Peperoni	waschen, in kleine Würfel schneiden, in einen Kochtopf mit kochendem Wasser geben und 2 Minuten leicht köcheln lassen, in einem Sieb abtropfen lassen (die Peperoniwürfel sollten noch knackig sein)
Edelkastanien	grob hacken, mit den Peperoniwürfeln zu dem Edelkastanienpüree in die Schüssel geben
100 g Weißbrot	in feine Scheiben schneiden, beigeben
10 g Petersilie	waschen, hacken, beifügen und das Ganze zu einem Teig verarbeiten. Über Nacht zugedeckt im Kühlschrank stehen lassen.

Auflauf- oder Kuchenform	mit Alufolie auskleiden
Masse	hineingeben

Backzeit: Zugedeckt im Wasserbad im Ofen bei 180 Grad 2–2 1/2 Stunden garen lassen. Im Heißluftofen bei 150 Grad. Herausnehmen, erkalten lassen, auspacken und in Scheiben geschnitten servieren.

Überbackene Edelkastanien

800 g geschälte Edelkastanien **500 ml Wasser** **1 Teelöffel Salz**	in einem Kochtopf 10 Minuten köcheln lassen, Kochwasser weggießen
Edelkastanien	erkalten lassen und in grobe Würfel schneiden
10 g Butter	in einer Auflaufform verstreichen
Edelkastanien	hineingeben, salzen nach Belieben
200 g halbfetten Bergkäse	mit der Röstiraffel reiben, auf die Edelkastanien streuen
30 g Sonnenblumenöl	in einer Bratpfanne warm werden lassen
2 Zwiebeln	schälen, halbieren, in feine Scheiben schneiden, beigeben
1/2 Teelöffel Salz	beigeben
Zwiebeln	unter ständigem Wenden mit einer Holzkelle goldgelb dünsten und über den Käse verteilen

Backzeit: Im vorgeheizten Ofen bei 250 Grad, im Heißluftofen bei 220 Grad, backen lassen.

Edelkastanien-Curry

600 g getrocknete Edelkastanien	in einer Schüssel mit Wasser bedeckt über Nacht einweichen, Einweichwasser weggießen
Edelkastanien 1/2 Teelöffel Salz 500 ml Wasser	in einem Kochtopf 20 Minuten köcheln lassen
Edelkastanien	mit einer Schaumkelle herausnehmen
30 g Butter	in einem Kochtopf schmelzen
1 mittelgroße Zwiebel	schälen, fein schneiden
200 g Äpfel	waschen, halbieren, Kerngehäuse entfernen, in Scheiben schneiden
100 g Bananen	schälen, in Scheiben schneiden
Alle Zutaten	beigeben und im Kochtopf andünsten
1 Teelöffel Currypulver	beigeben, kurz mitdünsten
500 ml Wasser	zugießen, gut umrühren und aufkochen
30 g Dinkelweißmehl 50 ml Wasser	in einer Schüssel aufrühren und unter ständigem Umrühren in die Sauce gießen, bei geringer Hitze 20–30 Minuten köcheln lassen
Currysauce	in die Passiermaschine geben und in den Kochtopf zurückseihen, wenn nötig nachwürzen
Edelkastanien	beigeben, 10 Minuten leicht kochen lassen, von der Herdplatte nehmen
geröstete Mandelscheiben	darüberstreuen und servieren

Tip
Kernotto oder Trockenreis als Beilage.

Edelkastaniensoufflé (salzig)

500 g geschälte Edelkastanien	in einem Kochtopf mit Wasser bedeckt 20 Minuten köcheln lassen, Kochwasser weggießen
Edelkastanien	in die Passiermaschine geben und in den Topf zurückseihen
750 ml Wasser	beigeben, verrühren
3 Teelöffel Hildegard-Würze **50 g Butter** **2 Messerspitzen Fenchelpulver** **1 Messerspitze Kubebenpfeffer gemahlen**	beigeben, aufkochen und etwas abkühlen lassen
3 Eiweiß	steif geschlagen, sorgfältig unter die Masse ziehen und in eine ausgebutterte Auflaufform geben

Backzeit: Im vorgeheizten Ofen bei aufsteigender Hitze 200–220 Grad ca. 45 Minuten backen. Im Heißluftofen bei 170–190 Grad. Nach 45 Minuten mit einer Nadel prüfen ob das Soufflé durchgebacken ist.

Tip
Den Ofen nicht zu früh öffnen.
Das Soufflé sofort servieren, sonst fällt es zusammen.
Dazu paßt Saucenfleisch wie Kaninchenragout oder Geschnetzeltes.

Edelkastaniensoufflé (süß)

300 g geschälte Edelkastanien	in einem Kochtopf mit Wasser bedeckt 20 Minuten köcheln lassen, Kochwasser weggießen
Edelkastanien	in die Passiermaschine geben und in den Kochtopf zurückseihen
100 ml Milch **4 Eßlöffel Vollrohrzucker**	einrühren
10 g Butter	beigeben, aufkochen und etwas abkühlen lassen
3 Eigelb	nacheinander dazurühren
3 Eiweiß	zu Schnee geschlagen vorsichtig unter die Masse ziehen
Masse	in eine bebutterte Auflaufform geben

Backzeit: Im vorgeheizten Ofen bei aufsteigender Hitze und 200 Grad ca. 35 Minuten, im Heißluftofen bei 170 Grad, backen.

Tip
Man kann 2 Prisen Zimt oder Vanillepulver beigeben.
Ofen nicht zu früh öffnen und Soufflé sofort servieren.
Wer es weniger süß liebt, kann den Vollrohrzucker-Anteil reduzieren.

Edelkastanienkrapfen

1 Prise Salz **300 ml Milch**	in einem Kochtopf aufkochen
100 g Dinkelgrieß **50 g Edelkastanienmehl**	einrühren, unter Rühren zu einem festen Brei kochen
Brei	auf ein kalt abgespültes Küchenbrett 1/2 cm dick ausstreichen, erkalten lassen und in verschobene Vierecke von 4 cm Kantenlänge schneiden
1 Ei	in einer Schüssel mit einer Gabel verquirlen
Salz, Pfeffer	nach Belieben würzen
10 g geriebenen Käse	beigeben, mischen
Teigstücke	in der Eier-Käsemasse wenden
2 Eßlöffel Öl	in einer Bratpfanne erhitzen
Teigstücke	darin goldgelb ausbacken

Tip
Paßt gut zu Salat.

Edelkastanienburger

400 g geschälte Edelkastanien **500 ml Wasser** **1/2 Teelöffel Salz**	in einem Kochtopf 20 Minuten köcheln lassen
Edelkastanien	herausnehmen, in ein Sieb geben und abtropfen lassen
600 g Dinkelbrot	in kleine Scheiben schneiden
2 Eier **20 g Schnittlauch und** **1 Zwiebel, fein geschnitten**	in eine Schüssel geben
Brot, Edelkastanien	beifügen, mischen
100 ml warmes Wasser **Salz, Pfeffer**	beifügen und gut durchkneten
Masse	sollte nicht zu fest an den Fingern kleben bleiben, sonst etwas Brot dazumengen. Zu runden Klößen formen und dann etwas flachdrücken.
30 g Sonnenblumenöl	in einer Bratpfanne erhitzen
Edelkastanienburger	darin auf beiden Seiten knusprig ausbacken

Tip
Mit einer Rahm-, Paprika- oder kalten Kräuterrahmsauce servieren.

Edelkastanienkroketten

400 g geschälte Edelkastanien	in einem Kochtopf mit Wasser bedeckt 20 Minuten köcheln lassen, Kochwasser weggießen
Edelkastanien	in die Passiermaschine geben und in eine Schüssel seihen
30 g Butter **100 g Vollrohrzucker** **3 Eigelb**	beigeben, mischen, das Ganze 1 Stunde stehen und erkalten lassen
Masse	zu Würsten formen von 1 cm Dicke, in 5 cm lange Stücke schneiden
1 Ei	in einer kleinen Schüssel verquirlen
Kroketten	durch das Ei ziehen und in heißem Erdnußöl bei 190 Grad schwimmend goldgelb backen, abtropfen lassen, warm halten
Puderzucker	nach Belieben darüberstreuen

Tip
Kann auch gesalzen als Beilage zu Wild gereicht werden, die Beigabe von 100 g Dinkelweißmehl ist zu empfehlen, auch kann man die Kroketten, statt sie durch das Ei zu ziehen, vor dem Ausbacken im Paniermehl rollen.
Wer es weniger süß liebt, kann den Vollrohrzucker-Anteil reduzieren oder die Kroketten ohne Puderzucker servieren.

Edelkastanienkroketten (süß)

500 g geschälte Edelkastanien **500 ml Wasser**	in einem Kochtopf 10 Minuten köcheln lassen
Edelkastanien	herausnehmen und 2 Stunden in Branntwein oder Likör einlegen
150 g Dinkelweißmehl **1 Prise Salz** **5 g Vollrohrzucker**	in einer Schüssel mischen
100 ml kalte Milch **100 ml kaltes Wasser**	dazurühren und aus dem Ganzen einen glatten Teig anrühren
1 Eßlöffel Sonnenblumenöl **2 Eigelb**	beigeben, mischen
2 Eiweiß	in einer Schüssel zu Schnee schlagen und sorgfältig unter den Teig ziehen
eingelegte Edelkastanien	aus dem Likör oder Branntwein nehmen, in den Teig geben und im heißen Fett schwimmend backen, mit einer Schaumkelle herausnehmen, auf einem Küchentuch oder -papier abtropfen lassen und nach Wunsch mit Zimt-Zucker bestreuen und servieren

Tip
Mit heißer Vanille- oder Himbeersauce servieren.

Weißer Belchen

500 g geschälte Edelkastanien **500 ml Wasser** **2 Eßlöffel Vollrohrzucker** **1 Messerspitze Vanillepulver**	in einem Kochtopf 20 Minuten köcheln lassen, Kochwasser weggießen
Edelkastanien	in die Passiermaschine geben und in eine Schüssel seihen
80 g Vollrohrzucker **2 Eßlöffel Rum**	beigeben, mischen
Masse	auf ein Kuchenblech geben und im Ofen bei 150 Grad trocknen lassen, im Heißluftofen bei 120 Grad, ab und zu mit Holzkelle wenden
Angetrocknete Edelkastanienmasse	bergartig in eine Schüssel geben
300 ml Rahm	steif schlagen
3 Eßlöffel Puderzucker	beigeben und sorgfältig mischen, auf den »Kastanienberg« geben
Schokoladenpulver	nach Belieben darüberstreuen

Tip
Wer es weniger süß liebt, kann den Zuckeranteil reduzieren.

Dinkelhörnle mit Edelkastanien

300 g Dinkelhörnle	in einem Kochtopf in siedendem Wasser ca. 5 Minuten kochen, die Hörnle müssen knackig sein, unter fließendem kaltem Wasser abkühlen, in einem Sieb gut abtropfen lassen
100 g Rinderschinken oder 100 g geräuchertes Truthahnfleisch	in kleine Würfel schneiden
10 g Butter	damit eine Auflaufform ausstreichen
200 g geröstete Edelkastanien	schälen und grob schneiden
	Hörnle und Edelkastanien lagenweise in die Form geben, die oberste Lage sollten Hörnle sein
Guß:	
1 Ei **200 ml Milch** **100 ml Vollrahm**	in einer Schüssel gut verrühren
100 g geriebenen Parmesankäse **20 g Butter, flüssig**	beigeben, mischen
1 Teelöffel Hildegard-Würze **Pfeffer nach Belieben**	beifügen, gut umrühren
Guß	gut verteilt in die Form gießen

Backzeit: Im Ofen bei 200 Grad 35 Minuten, im Heißluftofen bei 170 Grad, überbacken.

Nudeln mit Edelkastanienmehl

150 g Kastanienmehl **300 g Dinkelweißmehl**	in einer Schüssel mischen und zu einem Kranz formen
1 gestrichener Teelöffel Salz **1 gestrichener Teelöffel Fenchelsamenpulver** **2 Eßlöffel Sonnenblumenöl** **250 ml kaltes Wasser**	in den Kranz geben, miteinander vermischen, bis ein fester Teig entsteht
Teig	zugedeckt bei Zimmerwärme 1 Stunde ruhen lassen. Auf einem Tisch mit etwas Mehl bestäubt sehr dünn auswellen. In gewünschter Breite Streifen schneiden und im kochenden Salzwasser 2–3 Minuten kochen lassen. Herausnehmen, abtropfen lassen und anrichten.

Tip
Schmeckt gut mit in Butter gedünsteten, fein geschnittenen und mit Quendel gemischten Zwiebeln.
Die Nudeln können auch auf Vorrat gemacht werden, die Zubereitung bis zum Kochen ist dieselbe, statt gekocht, werden die Nudeln jedoch auf einem Besenstiel, an einem warmen trockenen Ort 2–3 Tage aufgehängt. Nur gut getrocknete Teigwaren sollen in Papiersäcken oder Kartonschachteln an einem trockenen Ort aufbewahrt werden.

Edelkastanienspiralnudeln mit Kefen*

Beilage zu den Nudeln:	
50 g Butter	in einem kleinen Kochtopf erhitzen
100 g Rinderschinken	in kleine Würfel schneiden
2 Zwiebeln	fein schneiden
250 g frische Kefen	beigeben, andünsten
200 ml Wasser	beigeben und 5–10 Minuten weichdünsten
Spiralnudeln:	
2 Liter Wasser	in einem Kochtopf aufkochen
10 g Salz	beifügen
500 g Edelkastanienspiralnudeln	beifügen, Kochtopf von der Herdplatte nehmen und 5 Minuten ziehen lassen, Kochwasser weggießen
Beilage	beigeben
300 ml Doppelrahm	beifügen und ohne zu kochen nochmals erwärmen
50 g geriebenen Käse	darüberstreuen und servieren

* Kefe = Zuckererbse, die mit der Schote gegessen wird

Nudeln mit frischen Edelkastanien

200 g Edelkastanienpüree **20 g Dinkelweißmehl** **1 Ei** **1 gestrichener Teelöffel Salz** **2 Eßlöffel Sonnenblumenöl** **4 Eßlöffel kaltes Wasser**	in einer Schüssel zu einem festen Teig kneten und zugedeckt bei Zimmerwärme 1 Stunde ruhen lassen
Teig	mit Mehl bestäuben und auf einer glatten Arbeitsfläche sehr dünn auswellen. In gröbere oder feinere Streifen schneiden, in kochendem Salzwasser 2–3 Minuten kochen lassen, herausnehmen, abtropfen, anrichten.
20 g Butter	auf den Nudeln zergehen lassen

Tip
Die Nudeln können auch auf Vorrat gemacht werden, die Zubereitung bis zum Kochen ist dieselbe, statt gekocht, werden die Nudeln jedoch auf einem Besenstiel, an einem warmen trockenen Ort 2–3 Tage aufgehängt. Nur gut getrocknete Teigwaren sollen in Papiersäcken oder Kartonschachteln an einem trockenen Ort aufbewahrt werden.

Ravioli mit Edelkastanienfüllung

300 g Dinkelweißmehl **1 Teelöffel Salz**	in einer Schüssel mischen und zu einem Kranz formen
2 Eßlöffel Sonnenblumenöl **100 ml Wasser**	in die Mitte des Kranzes geben und zu einem elastischen Nudelteig kneten
Teig	in zwei Hälften teilen und mindestens 1 Stunde ruhen lassen
Füllung aus:	
150 g geschälte Kastanien	in einem Kochtopf mit Wasser bedeckt 20 Minuten köcheln lassen, Kochwasser weggießen
Edelkastanien	in die Passiermaschine geben und in eine Schüssel seihen
75 g Möhren **75 g Sellerie**	waschen, schälen, mit der Röstiraffel reiben, in eine Schüssel geben
1 Knoblauchzehe **100 g Zwiebel**	schälen, fein schneiden
2 Eßlöffel Sonnenblumenöl	in einem kleinen Kochtopf erwärmen
Gemüse, Zwiebeln, Knoblauch **3 Prisen Salz** **1 Teelöffel Quendel geschnitten** **2 Messerspitzen Galgantpulver**	beigeben, andünsten
3 Eßlöffel Wasser	beigeben, bei geringer Hitze weichdämpfen
Edelkastanienpüree	beigeben, wenn nötig nachwürzen mit Salz und Pfeffer, und erkalten lassen
Teigstücke	einzeln mit dem Nudelholz dünn ausrollen

Füllung	mit einem Kaffeelöffel abstechen, zu haselnußgroßen Bällchen formen, die ersten 1 cm vom Rand, die nächsten in ca. 2 cm großen Abständen in einer Reihe auf das erste Stück Teig legen. Die Zwischenräume zwischen der Füllung und den Teig am Rand mit lauwarmem Wasser leicht bepinseln.
Zweiten Teig	auf den ersten legen, zuerst die Zwischenräume, später den Rand gut andrücken. Mit einem Teigrad in viereckige Stücke schneiden. In einen Kochtopf mit siedendem Salzwasser geben, aufkochen und 5 Minuten ziehen lassen
Ravioli	mit der Schaumkelle herausnehmen und auf warmem Teller anrichten
50 g geriebenen Parmesankäse	darüberstreuen und servieren

Tip
Etwas Quendel in Butter gedünstet darüber geben, schmeckt vorzüglich.
Wenn die Ravioli als Hauptgericht gegeben werden, sollten die Zutaten verdoppelt werden.

Edelkastanienpüree

500 g geschälte Edelkastanien	
300 ml Wasser	in einem Kochtopf 20 Minuten kö-
3 Prisen Salz	cheln lassen, Kochwasser weggießen
Edelkastanien	in die Passiermaschine geben und in eine Schüssel seihen
20 g Butter	
200 ml Milch	in einem Kochtopf erwärmen
Edelkastanienpüree	einrühren, aufkochen
Salz, Pfeffer, Muskatnußpulver	evtl. nachwürzen und als Beilage zu Braten etc. servieren

Edelkastaniengemüse

200 g gedörrte Edelkastanien	in einer Schüssel mit kaltem Wasser bedeckt über Nacht einweichen lassen, Einweichwasser weggießen
750 ml Wasser	in einem Kochtopf aufkochen
3 Teelöffel Hildegard-Würze	einrühren
Edelkastanien	beigeben, 30 Minuten weichkochen
20 g Butter	in einem anderen Kochtopf goldgelb
45 g Dinkelweißmehl	anrösten, vom Feuer nehmen und erkalten lassen
Edelkastanien	aus der Bouillon nehmen
Bouillon	in die erkaltete Mehlbutter einrühren, aufkochen, ca. 10–15 Minuten köcheln lassen
Edelkastanien	beigeben, wenn nötig mit Salz und Pfeffer nachwürzen und servieren

Tip: Nie die heiße Bouillon in die heiße Mehlbutter geben, sonst gibt es Klumpen.
Man kann etwas gehackte Petersilie darüberstreuen.
Gut geeignet als Beilage zu Wildbraten.

Edelkastanienstrudel

150 g Dinkelweißmehl	in eine Schüssel geben
20 g Butter **5 g Salz**	beigeben, gut mischen und zu einem Kranz formen
3 Eßlöffel lauwarmes Wasser **1 Ei**	in die Mitte des Kranzes geben und zu einem geschmeidigen Teig kneten
Teig	30 Minuten zugedeckt an einem warmen Ort ruhen lassen
500 ml Wasser **700 g geschälte Edelkastanien**	in einem Kochtopf ca. 10 Minuten köcheln lassen, Kochwasser weggießen
Edelkastanien	herausnehmen und grob hacken
150 g Fenchel **150 g Sellerie**	schälen, waschen, in kleine Würfel schneiden, in eine Schüssel geben
1 Zwiebel, fein geschnitten	beigeben
1 Prise Kubebenpfeffer **1/2 Teelöffel Beifußkraut** **2 Teelöffel Salz** **5 Eier** **Edelkastanien**	beigeben, gut miteinander mischen
Teig	auf einem gut mit Dinkelmehl bestäubten Tisch mit dem Nudelholz rechteckig und sehr dünn ausrollen
Edelkastanienmasse	bis auf einen Rand von 5 cm auf den ausgerollten Teig verteilen und zusammenrollen
Strudel	auf ein eingefettetes Backblech legen

Backzeit: Im Ofen bei 200 Grad und auf 2. Schiene 30–40 Minuten backen lassen. Im Heißluftofen bei 170 Grad. Mit flüssiger Butter ab und zu den Strudel bestreichen. Den Strudel herausnehmen und heiß servieren.

Glasierte Edelkastanien

200 g gedörrte Edelkastanien	in einer Schüssel mit kaltem Wasser bedeckt über Nacht einweichen lassen, Einweichwasser weggießen
10 g Butter	in einem Kochtopf erwärmen
20 g Vollrohrzucker	darüberstreuen und leicht anbräunen lassen
150 ml Wasser	beigeben
1/2 Teelöffel Hildegard-Würze	einrühren
Edelkastanien	beigeben und bei geringer Hitze köcheln lassen, bis die Edelkastanien weich sind, die Flüssigkeit eingedünstet ist und die Edelkastanien glänzen

Edelkastanien mit Fenchel

150 g gedörrte Edelkastanien	in einer Schüssel mit kaltem Wasser bedeckt über Nacht einweichen lassen, Einweichwasser weggießen
10 g Salz **500 ml Wasser**	in einem Kochtopf aufkochen
Edelkastanien	beigeben, ca. 20 Minuten bei geringer Hitze köcheln lassen
400 g Fenchelknollen	waschen, in Streifen schneiden, beigeben, das Ganze 5–10 Minuten köcheln lassen
30 g Butter	beigeben, mischen

Tip
Aparte Beilage zu Wild!

Edelkastanien mit Zwiebeln

200 g gedörrte Edelkastanien	in einer Schüssel mit Wasser bedeckt über Nacht einweichen, Einweichwasser weggießen
10 g Butter	in einem kleinen Kochtopf zergehen lassen
1 Zwiebel	schälen, fein schneiden, beigeben, andünsten
20 g Dinkelweißmehl	beigeben und goldgelb andünsten, von der Herdplatte nehmen und erkalten lassen
10 g Salz **500 ml Wasser**	in einem Kochtopf aufkochen
Edelkastanien	beigeben, 15 Minuten köcheln lassen, Kochwasser weggießen
200 ml Rotwein	zugießen, aufkochen, die Mehlbutter einrühren, nochmals 5 Minuten köcheln lassen
Salz, Pfeffer	nach Belieben beigeben und servieren

Gedämpfte Edelkastanien

300 ml Wasser	in einer Gußeisenpfanne erwärmen
750 g geschälte Edelkastanien **20 g Butter** **1 Eßlöffel Vollrohrzucker** **1 Prise Salz**	beigeben, mischen, bei geringer Wärmezufuhr ca. 20 Minuten weichdämpfen

Tip
Edelkastanien während des Kochens nicht umrühren! Von Zeit zu Zeit schütteln (beim Rühren zerfallen die Edelkastanien).

Edelkastaniengnocchi

50 g Edelkastanienmehl **250 g Dinkelweißmehl** **1/2 Teelöffel Quendel gerebelt** **1 Teelöffel Salz**	in einer Schüssel mischen und zu einem Kranz formen
150 ml Wasser **1 Ei**	in die Mitte des Kranzes geben, zu einem weichen Teig kneten, ruhen lassen
Teig	zu einer fingerdicken Rolle formen, in 1/2 cm breite Stücke schneiden (= Gnocchi)
1 1/2 Liter Wasser **1 Eßlöffel Sonnenblumenöl** **1 Teelöffel Salz**	in einem Kochtopf aufkochen
Gnocchi	beifügen, ziehen lassen, bis sie obenaufschwimmen. Mit der Schaumkelle abschöpfen und auf warme Teller geben.

Tip
Man kann sie mit flüssiger Butter beträufeln und Käse darüberstreuen oder eine Tomatensauce, Pestosauce, Baumnußsauce dazu servieren oder mit feingeschnittenen, in Butter angedünsteten Salbeiblättern mischen.

Edelkastanienpfannkuchen mit Kräutern

150 g Edelkastanienmehl
500 ml Wasser
4 Eier
1 Teelöffel Salz
1 Eßlöffel Sonnenblumenöl

in eine Schüssel geben und miteinander mischen, bis ein dünner Teig entsteht

1/2 Teelöffel Quendel, geschnitten
20 g Petersilie, gehackt

in den Teig einrühren

Etwas Sonnenblumenöl in einer Bratpfanne erhitzen.
Mit einer Kelle den flüssigen Teig in die Pfanne gießen und durch Schwenken in der Pfanne gut verteilen, goldgelb backen, kehren und die zweite Seite auch goldgelb backen.

Tip
Man kann die Pfannkuchen mit Gemüse und einer weißen Sauce füllen. Die Pfannkuchen in 2 cm breite Streifen und nachher quer dazu fein geschnitten, ergeben eine gute Suppeneinlage.

Edelkastanienkäsesalat

200 g geschälte Edelkastanien **1/2 Teelöffel Salz** **400 ml Wasser**	in einem Kochtopf 15 Minuten köcheln lassen
Edelkastanien	mit einer Schaumkelle herausnehmen und erkalten lassen
400 g Brie-Käse	in feine Streifen schneiden
100 g Tomaten	waschen, halbieren, in feine Scheiben schneiden
10 g Zitronenmelisse	fein schneiden
Alle Zutaten	in eine Schüssel geben
Salatsauce:	
100 ml Naturjoghurt **1 Zwiebel, fein geschnitten** **2 Teelöffel Zitronensaft** **1 Prise Salz** **1 Teelöffel Senf** **1 Prise Quendel, geschnitten** **1 Messerspitze Mutterkümmelpulver**	in einer kleinen Schüssel mischen, über den Salat gießen, gut mischen
Salz, Pfeffer	evtl. beifügen

Tip
Wenn die Salatsauce zu dick ist, kann sie mit etwas Orangensaft verdünnt werden.

Charivarisalat

200 g geschälte Edelkastanien	
400 ml Wasser	in einem Kochtopf 10 Minuten kö-
1 Prise Salz	cheln lassen, Kochwasser weggießen
Edelkastanien	herausnehmen, erkalten lassen und vierteln
200 ml Naturjoghurt	
1 Teelöffel Zitronensaft	
50 ml Orangensaft	
2 Prisen Salz	in einer Schüssel gut mischen
300 g reife Äpfel	gut waschen, vierteln, das Kerngehäuse entfernen, in kleine Würfel schneiden, sofort in die Sauce geben, damit die Äpfel nicht braun werden
150 g gekochte rote Rüben	schälen, in kleine Würfel schneiden, beigeben
2 gekochte Eier	schälen, in Scheiben schneiden, beigeben
Edelkastanien	beigeben, alle Zutaten sorgfältig mischen
8 Blatt Kopfsalat	waschen und die Blätter in kurze feine Streifen schneiden, beigeben
Salz, Pfeffer, Zitronensaft	wenn nötig zum Nachwürzen beigeben, in Salatschälchen servieren

Edelkastanienbutter

10 g Salz **500 ml Wasser**	in einem Kochtopf aufkochen
200 g geschälte Edelkastanien	beigeben, 20 Minuten köcheln lassen, Kochwasser weggießen
Edelkastanien	in die Passiermaschine geben, in eine Schüssel seihen und erkalten lassen
50 g weiche Butter	in einer Schüssel mit einem Schneebesen schaumig rühren
1 Prise Salz **2 Messerspitzen Zimt** **1 Messerspitze Nelkenpulver**	beigeben, mit einer Holzkelle unter das Edelkastanienpüree mischen
Butter	auf ein Wachspapier oder eine Backtrennfolie geben, einrollen, damit nichts an den Enden herausläuft und die Rolle einen Durchmesser von ca. 5 cm hat
Rollen	im Kühlschrank fest werden lassen. In 5 mm dicke Scheiben schneiden, Papier entfernen und auf das Fleisch legen.

Tip
Schmeckt gut zu Rehschnitzeln.
Kann im Tiefkühlfach einige Wochen aufbewahrt werden.

Helle Edelkastaniensauce

100 g geschälte Edelkastanien **200 ml Wasser** **2 Prisen Salz**	in einem Kochtopf ca. 20 Minuten kochen, Kochwasser weggießen
Edelkastanien	in die Passiermaschine geben und in eine Schüssel seihen
1 Zwiebel	mit einer Gewürznelke und einem Lorbeerblatt bestecken
30 g Sonnenblumenöl	in einer Pfanne erhitzen
30 g Dinkelweißmehl	einrühren und hellbraun anrösten
500 ml Wasser	zugießen
2 Teelöffel Hildegard-Würze	einrühren
Edelkastanienpüree	hinzufügen
besteckte Zwiebel	beigeben und das Ganze 10–20 Minuten kochen lassen, von der Herdplatte nehmen, wenn nötig mit Salz und Pfeffer nachwürzen, die Zwiebel herausnehmen und zu Wildbraten servieren

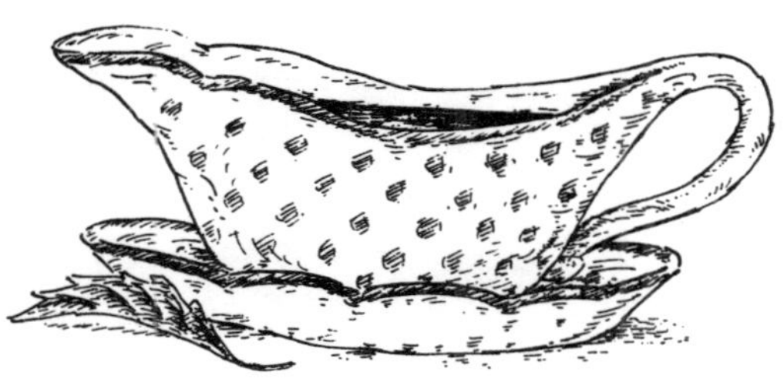

Edelkastanien-Chutney*

130 g geschälte Edelkastanien **100 ml Wasser** **1 Teelöffel Mutterkümmelpulver** **2 Prisen Chili** **40 g Kokosraspel** **6 Knoblauchzehen** **Saft von 4 Zitronen** **3 Eßlöffel Sonnenblumenöl**	in einem Kochtopf 20 Minuten köcheln lassen, von Zeit zu Zeit umrühren
Chutney	mit dem Mixer zerkleinern. Es sollte wie dickflüssige Konfitüre aussehen, wenn nötig mit Wasser verdünnen. Heiß in ein gewaschenes, verschließbares Glas einfüllen, kühl und trocken lagern.

Tip
Ausgezeichnet zu Curry und indischen Gerichten.

* Chutney = Paste aus zerkleinerten Früchten mit Gewürzzusätzen

Edelkastanien-Weinschaum-creme

300 g geschälte Edelkastanien 500 ml Wasser	in einem Kochtopf 20 Minuten köcheln lassen, Kochwasser weggießen
Edelkastanien	in die Passiermaschine geben und in eine Schüssel seihen
2 Eigelb 2 ganze Eier 200 ml Weißwein 50 g Vollrohrzucker 2 Eßlöffel Kirsch	beigeben, die Schüssel in ein heißes Wasserbad geben und unter ständigem Rühren mit einem Schwingbesen ca. 5 Minuten schaumig schlagen
Masse	in der Schüssel aus dem Wasserbad nehmen, nochmals 5 Minuten schlagen, bis die Creme etwas abgekühlt ist
Creme	in Portionsgläsern oder einer Glasschüssel anrichten

Tip
Die Masse gut aufschlagen und rasch servieren, da die Creme wieder flüssig werden kann.
Wer es weniger süß liebt, kann den Vollrohrzucker-Anteil reduzieren.

Edelkastaniencreme (1)

250 g geschälte Edelkastanien 1 Messerspitze Zimt 1 Messerspitze Vanillepulver 1/2 Zitronenschale, gerieben	in einen Kochtopf geben
Wasser	beifügen, bis die Kastanien damit bedeckt sind. Ca. 20 Minuten weichkochen, Kochwasser weggießen.
Edelkastanien	in die Passiermaschine geben und in den Topf zurückseihen
80 g Vollrohrzucker	beifügen
2 Eier 500 ml Milch 30 g Dinkelweißmehl	mischen und in die Edelkastanienmasse rühren. Unter fortgesetztem Rühren zu einer dicken Creme kochen.
Creme	in eine Schüssel schütten, erkalten lassen, servieren

Edelkastaniencreme (2)

600 ml Milch 60 g Vollrohrzucker	zum Sieden bringen
60 g Vanillecremepulver 200 ml Milch	anrühren, in die siedende Milch einrühren, kurz aufkochen lassen
Creme	von der Herdplatte nehmen
20 g Bitterschokolade	zerkleinern, beigeben, vermischen
Creme	erkalten lassen
300 g Kastanienpüree	einrühren
1 Eßlöffel Kirsch	evtl. beifügen
250 ml Schlagrahm	darunterziehen

Tip: 250 ml Rahm für flüssige Creme.
Wenn keine frischen Kastanien erhältlich sind, können tiefgefrorene oder pürierte aus der Büchse verwendet werden.
Anstelle von Kirsch kann man auch Grappa nehmen.

Kaiserliche Edelkastanien

750 ml Milch	in einem Kochtopf aufkochen
2 Eßlöffel Vollrohrzucker **150 g Reis**	einrühren, unter zeitweiligem Rühren 20 Minuten köcheln lassen
2 Eßlöffel Rosinen	beigeben
250 g geschälte Edelkastanien **300 ml Wasser** **3 Eßlöffel Vollrohrzucker**	in einen Kochtopf geben, 20 Minuten köcheln lassen, in die Passiermaschine geben und in den Topf zurückseihen
1 Eßlöffel Cognac	dazurühren
Reisbrei	auf einem Teller oder in einer Schüssel anrichten
Edelkastanienpüree	darübergeben und glattstreichen
100 ml Rahm	steif schlagen und damit garnieren

Tip
Wer es weniger süß liebt, kann den Vollrohrzucker-Anteil reduzieren.

Edelkastanienschaum

400 ml Milch	in einem Kochtopf aufkochen
1 Messerspitze Vanillepulver **50 g Vollrohrzucker**	beifügen
50 ml Milch **30 g Edelkastanienmehl**	in einer Schüssel anrühren, in die kochende Milch einrühren, aufkochen, von der Herdplatte nehmen
2 Eigelb **50 ml Milch**	in einer Schüssel mit dem Schwingbesen verquirlen. Die Milch mit dem Edelkastanienmehl dazurühren und zurück in die Pfanne geben.
Masse	nochmals unter ständigem Rühren gut erhitzen
6 Blatt Gelatine	20 Minuten in kaltem Wasser quellen lassen, mit der noch warmen Creme mischen, etwas abkalten lassen
2 Eiweiß	in einer Schüssel zu Schnee schlagen, vorsichtig mit der Creme mischen, in Dessertschalen füllen und im Kühlschrank 2–3 Stunden fest werden lassen
100 ml Rahm	in einer Schüssel steif schlagen
Dessert	mit dem Schlagrahm garnieren

Tip
Wer es weniger süß liebt, kann den Vollrohrzucker-Anteil reduzieren.

Vermicelles

600 g geschälte Edelkastanien **500 ml Wasser**	in einem Kochtopf 20 Minuten köcheln lassen, Kochwasser weggießen
Edelkastanien	in die Passiermaschine geben und in eine Schüssel seihen
200 ml Wasser **6 Eßlöffel Vollrohrzucker** **1/2 Vanillestengel**	in einem Kochtopf um die Hälfte einkochen lassen
Edelkastanienpüree	beigeben, gut mischen, erkalten lassen
4 Meringues-Schalen	in kleine Glasschälchen geben
Edelkastanienpüree	mit der Presse darüberdrücken
200 ml Rahm	schlagen und damit die Vermicelles garnieren

Tip
Das Edelkastanienpüree kann auch portionsweise eingefroren werden.
Wer es weniger süß liebt, kann den Vollrohrzucker-Anteil reduzieren.

Edelkastanienpudding

400 g geschälte Edelkastanien	in einem Kochtopf mit Wasser bedeckt 20 Minuten köcheln lassen, Kochwasser weggießen
Edelkastanien	in die Passiermaschine geben und in eine Schüssel seihen
60 g Butter	in einer Schüssel schaumig rühren,
4 Eigelb	nach und nach unter Rühren zur Butter geben
40 g Brötchen	in feine Scheiben schneiden, in eine Schüssel geben
100 ml warme Milch	dazugießen
125 g Rosinen	dazugeben
Edelkastanienpüree	mit der Brötchenmasse mischen
4 Eiweiß	in einer Schüssel zu Schnee schlagen und vorsichtig mit der Edelkastanienmasse mischen
Auflaufform	ausbuttern und mit Paniermehl ausstreuen
Masse	in die Form geben und zugedeckt im heißen Wasserbad ca. 50 Minuten ziehen lassen, herausnehmen, stürzen und noch warm servieren

Edelkastanienköpfle

250 g geschälte Edelkastanien **300 ml Wasser** **2 Messerspitzen Vanillepulver**	in einem Kochtopf 20 Minuten köcheln lassen, Kochwasser weggießen
Edelkastanien	in die Passiermaschine geben und in eine Schüssel seihen
200 ml Milch **40 g Vollrohrzucker** **2 Eigelb**	in einem Kochtopf mit dem Schwingbesen bei kleiner Hitze zu einer Creme kochen
5 Blatt Gelatine	in einer Schüssel mit kaltem Wasser 10 Minuten einweichen
Gelatine	gut abtropfen lassen und in die noch heiße Creme rühren
Edelkastanienpüree	mit der Creme mischen
1 Eßlöffel Maraschino	dazurühren, in Portionsschälchen abfüllen und im Kühlschrank fest werden lassen
Köpfle	aus dem Kühlschrank nehmen und stürzen
100 ml Rahm	steif schlagen und die Köpfle damit garnieren

Tip
Wer es weniger süß liebt, kann den Vollrohrzucker-Anteil reduzieren.

Brot aus eigener Backstube

Brotbacken will gelernt sein! Nach den ersten Erfolgen wächst dabei das Vertrauen ins eigene Können und die Lust, immer Neues auszuprobieren.

Die nachfolgenden Rezepte wollen eine Anleitung dazu geben.

Zuerst etwas Grundsätzliches zum Brotbacken:

- Dinkelweißmehl und -vollkornmehl können im Verhältnis zueinander beliebig abgeändert werden. Vollkornmehlteige benötigen aber etwas mehr Hefe.
- Schrot kann vorher eingeweicht oder direkt beigegeben werden.
- Ganze Körner werden zuerst weichgekocht und so dem Brotteig beigegeben.
- Der Kastanienmehl-Anteil sollte 10% nicht übersteigen.

Wer viel bäckt, kauft am besten eine Getreidemühle. So kann kurz vor der Verarbeitung aus Dinkelkörnern Vollkornmehl und Schrot selbst gemahlen werden. Der hohe Wert des Mahlproduktes bleibt somit voll erhalten.

Geduld ist eine wichtige Voraussetzung, wenn man Brot backen will. Weil oftmals aber die Zeit knapp ist, sind die meisten Brotrezepte ohne Vorteig aufgeschrieben. Für alle, die ein besonders luftiges Brot wünschen, empfiehlt es sich, das Mehl zu sieben und einen Vorteig zu machen.

Hier einige Tips zum Brotbacken:

a) Zum Vorteig:
   - Mehl in der Teigschüssel zu einem Kranz formen
   - Gewürze auf den Mehlkranz geben
   - Hefe mit 1/2 Kaffeelöffel Vollrohrzucker und 100 ml lauwarmer Flüssigkeit verrühren, in die Kranzmitte geben
   - Zusammen mit etwas Mehl einen Vorteig machen, an der Wärme zugedeckt ca. 20 Minuten gehen lassen
   - Anschließend den Brotteig nach Rezept zubereiten.

b) Zum Backen:
   - Ofen auf mindestens 220 Grad vorheizen, Brot einschieben, dann Ofen auf die vorgeschriebene Temperatur einstellen
   - Die Backzeiten sind nur Richtzeiten. Kein Backofen gleicht dem anderen!
   - Neben einem schönen Aussehen zeigt ein hohler Ton beim Klopfen auf den Brotboden an, ob das Brot genügend gebacken ist.

c) Nach dem Backen:
- Brot sofort aus den Formen nehmen und auf dem Kuchengitter auskühlen lassen
- Das kalte Brot zuerst in Bäckerseidenpapier, dann in ein reines Leinentüchlein wickeln, damit es länger frisch bleibt.

Und nun – viel Vergnügen und Erfolg beim Brotbacken!

Dinkelbrot mit Edelkastanien und Nüssen

300 g Dinkelschrot **1/2 Liter warmes Wasser** **30 g frische Hefe**	in einer Schüssel gut mischen und ca. 30 Minuten an einem warmen Ort gehen lassen
250 geschälte Edelkastanien	im Kochtopf mit Wasser bedeckt 10 Minuten köcheln lassen, mit einer Schaumkelle herausnehmen, in ein Sieb geben, abtropfen lassen und grob hacken
300 g Dinkelweißmehl **10 g Salz** **100 g Baumnüsse grob gehackt** **1 Teelöffel Fenchelsamen**	miteinander mischen. Auf dem Tisch zu einem Kranz formen, das Hefewasser in die Mitte geben und zu einem Teig kneten
Teig	mindestens 1 Stunde gehen lassen, 3 runde Brote formen und oben einschneiden wie ein Dreieck, aber nicht bis in die Spitzen

Backzeit: Im vorgeheizten Ofen 1/2 Stunde bei 240 Grad, später 15 Minuten bei 200 Grad, im Heißluftofen bei 170 Grad, backen, herausnehmen und auf einem Kuchengitter abkühlen lassen.

Dinkelbrot mit frischen Edelkastanien

200 g geschälte Edelkastanien **500 ml Wasser** **1 Prise Salz**	in einem Kochtopf 20 Minuten köcheln lassen, Kochwasser weggießen
Edelkastanien	in die Passiermaschine geben, in eine Schüssel seihen und etwas erkalten lassen
300 g Dinkelweißmehl	in eine Schüssel geben, zu einem Kranz formen
Edelkastanienpüree **20 g Hefe** **1 Teelöffel Salz** **ca. 250 ml lauwarmes Wasser**	in den Kranz geben, mit einem Teil des Mehles mischen, so daß ein dünner Teig entsteht, an einem warmen Ort ca. 15 Minuten gehen lassen. Das restliche Mehl dazukneten.
Teig	sollte keine Rückstände an der Schüssel hinterlassen, sonst ist er zu dick. In diesem Fall mehr Wasser dazugeben. Er sollte aber auch nicht an den Händen kleben, sonst ist er zu dünn. Dann mehr Dinkelmehl dazukneten. Zu einem Laib formen, mit einem Messer 2 schräge Einschnitte machen und nochmals 20–30 Minuten gehen lassen.

Backzeit: Im vorgeheizten Ofen bei 200 Grad 40–50 Minuten auf der 2. Schiene backen. Im Heißluftofen bei 170 Grad.
Herausnehmen und auf einem Kuchengitter auskühlen lassen.

Tip
Das Rezept ergibt ca. 500 g Brot.

Dinkelbrot mit Edelkastanienmehl

480 g Dinkelweißmehl **20 g Edelkastanienmehl**	in einer Schüssel mischen und zu einem Kranz formen
20 g Hefe **2 Teelöffel Salz** **etwa 250 ml lauwarmes Wasser**	in den Kranz geben, mit einem Teil des Mehles zu einem dünnen Teig verarbeiten und an einem warmen Ort ca. 20 Minuten gehen lassen. Das Ganze zu einem festen Teig kneten, wenn nötig mehr Mehl oder Wasser dazugeben.
Teig	zu einem Laib formen, mit einem Messer oben 2 schräge Einschnitte machen und nochmals 30 Minuten gehen lassen

Backzeit: Im vorgeheizten Ofen bei 220 Grad 40–50 Minuten backen, im Heißluftofen bei 190 Grad. Herausnehmen und auf einem Kuchengitter auskühlen lassen.

Tip
Ergibt ca. 500 g Brot.

Gugelhupf mit Edelkastanienpüree

100 g Butter **175 g Vollrohrzucker**	in einer Schüssel weich rühren
1 Prise Salz **2 Eier**	beigeben
Masse	mit dem Schwingbesen rühren, bis sie hell wird
150 ml Milch	dazurühren
200 g Dinkelweißmehl	dazurühren
50 g Dinkelweißmehl **2 Teelöffel Backpulver**	in einer Schüssel mischen, in die Masse rühren
Gugelhupfform	von 22 cm Durchmesser mit Butter ausstreichen, mit Mehl bestäuben
die Hälfte des Teiges	in die Form füllen
200 g Edelkastanienpüree **2 Eßlöffel Rahm** **1 Eßlöffel Kirsch**	in einer Schüssel gut mischen, beifügen, mit einer Gabel vorsichtig, ohne den Rand der Form zu berühren, unter den Teig mischen
den restlichen Teig	darauf verteilen

Backzeit: Im Ofen bei 180 Grad ca. 55 Minuten auf der 1. Schiene backen lassen. Im Heißluftofen auf 150–160 Grad. Kuchen herausnehmen und auf ein Kuchengitter stürzen, mit Puderzucker oder Schokoladenpulver nach Belieben bestäuben.

Tip

Gugelhupf hält in einer Folie eingepackt im Kühlschrank 3–5 Tage.
Man kann das Edelkastanienpüree auch mit dem ganzen Teig mischen, in die Form geben und so backen, Backtemperatur und Zeit bleiben gleich.
Wer es weniger süß liebt, kann den Vollrohrzucker-Anteil reduzieren und den Gugelhupf nicht bestäuben.

Edelkastanienfladen

750 ml Wasser	in einem Kochtopf aufkochen
500 g geschälte Edelkastanien	beigeben und 20 Minuten köcheln lassen, in die Passiermaschine geben und in eine Schüssel seihen, Kochwasser weggießen
70 g Butter **100 g Vollrohrzucker (oder Honig)** **1 Eßlöffel Maraschino oder 1 Eßlöffel Kirsch** **1 Messerspitze Vanillepulver** **5 Eigelb**	beigeben, vermischen
5 Eiweiß	zu Schnee schlagen, sorgfältig unter die Masse ziehen
Masse	in eine ausgebutterte, mit Dinkelmehl bestäubte Kuchenform geben

Backzeit: Im vorgeheizten Ofen 50–60 Minuten bei 200 Grad in der unteren Ofenhälfte backen, im Heißluftofen bei 170 Grad.

Tip
Wer es weniger süß liebt, kann den Vollrohrzucker-Anteil reduzieren.

Edelkastanientorte (1)

300 ml Wasser **1/2 Teelöffel Salz** **1/2 Lorbeerblatt** **300 g geschälte Edelkastanien**	in einem Kochtopf 20 Minuten köcheln lassen, Kochwasser weggießen
Edelkastanien	in die Passiermaschine geben und in eine Schüssel seihen
100 g Butter **100 g Vollrohrzucker** **1 Eßlöffel Kakaopulver** **1/2 Zitronenschale, gerieben** **250 g Dinkelvollkornmehl**	in einer Schüssel gut mischen und zu einem Kranz formen
300 ml Milch	leicht erwärmen, in eine Schüssel geben
30 g Hefe	beifügen, mischen und etwas gehen lassen
3 Eier	beifügen, mischen und in die Schüssel mit dem Mehlkranz geben
Edelkastanienpüree	beigeben und alles zu einem Teig kneten
Teig	zugedeckt an einem warmen Ort um das Doppelte gehen lassen
Springform	von 24 cm Durchmesser ausbuttern und mit Dinkelmehl bestäuben
Teig	in die Form geben und nochmals 20 Minuten gehen lassen

Backzeit: Im vorgeheizten Ofen bei 220 Grad ca. 25 Minuten auf 2. Schiene backen, im Heißluftofen bei 190 Grad. Torte herausnehmen und auf einem Kuchengitter auskühlen lassen.

Tip
Wer es weniger süß liebt, kann den Vollrohrzucker-Anteil reduzieren.

Edelkastanientorte (2)

125 g Kartoffelmehl **225 g Dinkelweißmehl** **100 g Vollrohrzucker** **1 Messerspitze Salz** **1 Päckchen Backpulver**	in eine Schüssel geben, mischen, zu einem Kranz formen
100 ml Sonnenblumenöl **3 Eier**	in den Kranz geben, alles zu einem Teig kneten
Teig	etwas ruhen lassen
100 ml Rum **150 g getrocknete Rosinen**	in einer anderen Schüssel zugedeckt 1 Stunde ziehen lassen
400 ml Wasser	in einem Kochtopf aufkochen
1 Messerspitze Salz **600 g geschälte Edelkastanien**	beigeben, 20 Minuten köcheln lassen, Kochwasser weggießen
Edelkastanien	in die Passiermaschine geben und in eine Schüssel seihen
Rosinen	in einem Sieb abtropfen lassen
150 g Vollrohrzucker **2 Eier** **1 Messerspitze Zimt** **Rosinen**	beigeben, sehr gut mischen
Springform	von 24 cm Durchmesser ausbuttern und mit Dinkelmehl bestäuben
2/3 des Teiges	mit einem Nudelholz rund ausrollen, in die Form geben, einen Rand formen
Edelkastanienmasse	einfüllen

restlichen Teig	ausrollen und mit dem Teigrad 1 cm dicke Streifen schneiden und gitterartig auf die Füllung legen, so daß die Enden der Streifen den Rand des Kuchens berühren
1 Eigelb	die Teigstreifen und den Rand damit bestreichen

Backzeit: Im vorgeheizten Ofen bei 200 Grad, im Heißluftofen bei 170 Grad. Auf der 2. Schiene ca. 50 Minuten backen, herausnehmen und auf einem Kuchengitter auskühlen lassen.

Tip
Der Kuchen ist auch sehr gut, wenn er 3–4 Tage vorher gemacht, in der Alufolie kühl und trocken aufbewahrt wurde.
Wer es weniger süß liebt, kann den Vollrohrzucker-Anteil reduzieren.

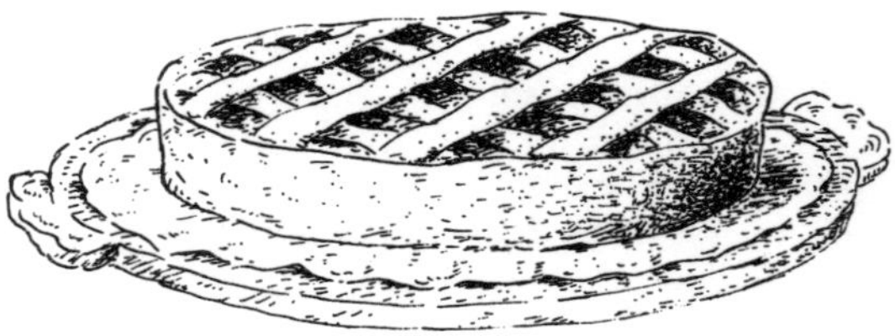

Ofenküchlein mit Edel-kastaniencreme

150 ml Milch **150 ml Wasser** **50 g Butter** **1 Prise Salz** **1/2 Zitronenschale, gerieben** **2 Eßlöffel Vollrohrzucker**	in einen Kochtopf geben und zusammen aufkochen
150 g Dinkelweißmehl	im Sturz dazugeben, bei geringer Hitze kräftig rühren, bis sich die Masse vom Pfannenboden löst, etwas abkühlen lassen
3 Eier	nach und nach unter die Masse rühren, bis der Teig glatt wird und seidig glänzt
Teig	in einen Spritzsack mit mittlerer Tülle füllen
Backblech	einfetten, darauf ca. 2 cm große Häufchen spritzen, nicht zu nahe nebeneinander, die Küchlein gehen um das Doppelte auf

Backzeit: Im vorgeheizten Ofen bei 200 Grad, im Heißluftofen bei 170 Grad, ca. 20 Minuten backen.
Ofen abstellen, die Küchlein noch 3–5 Minuten im Ofen lassen, erst dann herausnehmen. Auf einem Kuchengitter auskühlen lassen. Das obere Drittel der Küchlein als Deckel abschneiden.

Füllung:	
400 g Kastanienkonfitüre	in eine Schüssel geben
4 Eßlöffel Liqueur nach Wahl	hineinrühren

150 ml Schlagrahm	steif schlagen, sorgfältig unter die Konfitürenmischung ziehen, mit einem Spritzsack in die Unterteile der Küchlein spritzen und zudecken
Küchlein	vor dem Servieren nach Belieben mit Puderzucker bestreuen.

Tip
Während des Backvorgangs den Ofen nie öffnen.
Das Rezept ergibt ca. 25 Stück.
Wer es weniger süß liebt, kann den Vollrohrzucker-Anteil reduzieren und den Puderzucker weglassen.

Hefeschnecken mit Edelkastanienfüllung

350 g Dinkelweißmehl	in einer Schüssel zu einem Kranz formen
20 g Hefe **150 ml lauwarme Milch** **50 g zerlassene Butter** **1 Ei** **3 Eßlöffel Vollrohrzucker** **1/2 Teelöffel Salz**	in den Kranz geben und zu einem Teig verkneten
Teig	an einem warmen Ort zugedeckt um das Doppelte aufgehen lassen
Füllung: **250 g Edelkastanienpüree** **80 g Vollrohrzucker** **1/2 Zitronenschale, gerieben** **Saft einer 1/2 Zitrone** **50 g Rosinen** **2 Teelöffel Kirsch**	in einer Schüssel mischen und etwa 20 Minuten stehen lassen
Teig	möglichst viereckig ca. 1 cm dick auswellen, mit der Füllung bestreichen, zusammenrollen und in 2 cm dicke Scheiben schneiden
Schnecken	mit der Schnittfläche nach oben auf ein eingefettetes Blech legen, nochmals kurz gehen lassen

Backzeit: 10–15 Minuten im vorgeheizten Ofen bei mittlerer Hitze backen. Schnecken herausnehmen und auf einem Kuchengitter auskühlen lassen.

Tip
Man kann die Schnecken auch, wenn sie noch heiß sind, mit einer Zuckerglasur bestreichen und mit gerösteten Mandelblättchen bestreuen.
Die Glasur besteht aus 100 ml Wasser, 125 g Puderzucker, zusammen 10 Minuten gekocht.
Wer es weniger süß liebt, kann den Vollrohrzucker-Anteil reduzieren und die Zuckerglasur weglassen.

Edelkastanienherzen (ca. 50 Stück)

50 g weiche Butter 1 Prise Salz 30 g Vollrohrzucker 1 Ei 1 Messerspitze Vanillepulver	in einer Schüssel mit dem Schwingbesen schaumig rühren
200 g Edelkastanienpüree 50 g geriebene Mandeln	beigeben und gut mischen
50 g dunkle Schokolade	in einer Schüssel im Wasserbad flüssig werden lassen, mit der Edelkastanienmasse mischen
50 g Dinkelweißmehl	beigeben, alle Zutaten mit einer Holzkelle zu einem Teig mischen
Teig	zugedeckt über Nacht in den Kühlschrank stellen. Am nächsten Tag auf einer mit Mehl bestäubten Arbeitsfläche mit dem Nudelholz 5 mm dick ausrollen, mit einem Herzförmchen ausstechen und auf Backtrennpapier setzen.

Backzeit: Im vorgeheizten Ofen bei 180 Grad auf 2. Schiene ca. 10 Minuten backen, im Heißluftofen bei 150 Grad. Herausnehmen und auf einem Kuchengitter auskühlen lassen.

150 g Schokolade	in einer Schüssel im Wasserbad flüssig werden lassen
Herzen	zur Hälfte in die Schokoladenglasur eintauchen und auf einem Kuchengitter fest werden lassen

Tip
Wer es weniger süß liebt, muß die Herzen nicht mit Schokolade überziehen.

Edelkastanienhäufchen (ca. 50 Stück)

400 g geschälte Edelkastanien **500 ml Wasser** **1 Teelöffel Vollrohrzucker**	in einem Kochtopf 10 Minuten köcheln lassen, 25 Kastanien herausnehmen, den Rest weitere 10 Minuten köcheln lassen, Kochwasser weggießen
Edelkastanien	in die Passiermaschine geben und in eine Schüssel seihen, erkalten lassen
250 g Vollrohrzucker **3 Eier** **1 Zitronenschale, gerieben** **1 Prise Salz**	in einer Schüssel mit dem Schneebesen schaumig rühren
Kastanienpüree **100 g Dinkelweißmehl**	dazumischen, zu einem Teig kneten und im Kühlschrank 30 Minuten ruhen lassen
Teig	mit einem Teelöffel abstechen, Kugeln formen und auf ein gefettetes Backblech legen, je 2 cm Abstand
ganze Edelkastanien	halbieren und je eine Hälfte sanft in eine Kugel drücken

Backzeit: Im vorgeheizten Ofen bei 180 Grad, im Heißluftofen bei 150 Grad, 10–15 Minuten backen. Herausnehmen und auf einem Kuchengitter auskühlen lassen.

Tip
Wer es weniger süß liebt, kann den Vollrohrzucker-Anteil reduzieren.

Lebkuchenherzen

250 g Dinkelweißmehl **250 g Edelkastanienmehl**	in einer Schüssel mischen und zu einem Kranz formen
2 Eßlöffel Lebkuchengewürz **85 g Vollrohrzucker** **125 g Honig** **125 g Melasse** **125 ml Milch** **1/2 Eßlöffel Treibsalz** **(oder 1 Päckchen Backpulver)** **1 Orangenschale, gerieben**	beigeben und das Ganze zu einem Teig kneten
Teig	über Nacht zudeckt an einem kühlen Ort stehen lassen. Am nächsten Tag ca. 5 mm dick auswellen, Herzen ausstechen, auf ein Blech mit Backtrennfolie geben.

Backzeit: Im vorgeheizten Ofen bei 220 Grad, im Heißluftofen bei 190 Grad, ca. 10 Minuten backen, herausnehmen und auf einem Kuchengitter auskühlen lassen.

Tip
Statt Treibsalz kann ein Päckchen Backpulver verwendet werden. Statt Honig und Melasse kann Birnendicksaft verwendet werden. Wer es weniger süß liebt, kann den Vollrohrzucker-Anteil reduzieren.

Edelkastanienplätzchen

750 g Honig	in einem Kochtopf bei geringer Hitze erwärmen
100 g Vollrohrzucker **375 g Mandeln, gerieben** **1/2 Teelöffel Zimtpulver** **2 Messerspitzen Gewürznelkenpulver** **1 Messerspitze Kardamom** **1 Zitronenschale, gerieben** **1 Eßlöffel Kirsch** **100 g Zitronat, fein gehackt** **100 g Orangeat, fein gehackt**	bei geringer Hitze dazurühren und erkalten lassen
600 g Dinkelweißmehl **200 g Edelkastanienmehl** **10 g Pottasche**	in eine Schüssel geben, mit dem Honig zu einem Teig kneten
Teig	5 mm dick ausrollen, auf ein eingefettetes Backblech geben und über Nacht an einem kühlen Ort ruhen lassen

Backzeit: Im vorgeheizten Ofen bei 220 Grad auf mittlerer Schiene 7–10 Minuten backen. Im Heißluftofen bei 190 Grad. Herausnehmen und auf einem Kuchengitter auskühlen lassen. Mit einem scharfen Messer in ca. 2 cm große Vierecke schneiden.

Tip
Statt Pottasche kann ein Päckchen Backpulver verwendet werden.
Statt Honig kann Birnendicksaft verwendet werden.
Wer es weniger süß liebt, kann den Vollrohrzucker- und Honig-Anteil reduzieren.

Edelkastanienpüree (süß)

500 g frische Edelkastanien	waschen, abtrocknen und auf der runden Seite einschneiden
500 ml Wasser	in einem Kochtopf aufkochen
Edelkastanien	beigeben, 3 Minuten köcheln lassen. Einzeln herausnehmen, mit einem kleinen Messer schälen.
500 ml Wasser	in einem Kochtopf aufkochen
Edelkastanien	beigeben, 20 Minuten köcheln lassen, Kochwasser weggießen. In die Passiermaschine geben und in eine Schüssel seihen.

Edelkastanienkompott

500 g geschälte Edelkastanien **500 ml Wasser** **80 g Fruchtzucker oder** **100 g Vollrohrzucker** **1 Teelöffel Fenchelsamenpulver** **oder 1 Messerspitze** **Vanillepulver**	in einem Kochtopf 10 Minuten köcheln lassen
Edelkastanien	mit einer Schaumkelle herausnehmen und in kaltes Wasser geben, bis sie abgekühlt sind, in ein Sieb geben und abtropfen lassen
200 g Vollrohrzucker **100 ml Wasser**	in einem Kochtopf zur Hälfte einkochen lassen, bis ein dicker Sirup entsteht
1 Orangenschale, gerieben	beigeben, von der Herdplatte nehmen und erkalten lassen
Edelkastanien	in Dessertgläser füllen, mit dem Zuckersirup übergießen und servieren

Tip: Wer es weniger süß liebt, kann den Vollrohrzucker-Anteil reduzieren.

Edelkastanien flambiert

400 g geschälte Edelkastanien **500 ml Wasser**	in einem Kochtopf 10 Minuten köcheln lassen, Kochwasser weggießen
Edelkastanien	herausnehmen, in eine Schüssel geben
80 g geschälte Mandeln	fein geschnitten in einer Bratpfanne anrösten und in eine Schüssel geben
50 g Butter	in einer Flambierpfanne zergehen lassen
50 g Vollrohrzucker	beigeben und bräunen lassen
Saft von 1 Orange	beigeben, zum Ablöschen
Edelkastanien	beigeben
100 ml Rum	beigeben, aufkochen lassen und anzünden
Mandeln	darüberstreuen und servieren

Gekochte Vanille-Edelkastanien

750 g geschälte Edelkastanien **1/2 Liter Milch**	in einem Kochtopf aufkochen
3 Messerspitzen Vanillepulver **1 Messerspitze Salz** **50 g Vollrohrzucker**	dazugeben und unter ständigem Rühren solange bei geringer Hitze köcheln lassen, bis die ganze Milch eingekocht ist
Edelkastanien	heiß servieren
200 ml Schlagrahm	geschlagen, zu den heißen Edelkastanien servieren

Tip: Wenn die Milch eingekocht ist, besteht die Gefahr, daß die Edelkastanien anbrennen. Wer es weniger süß liebt, kann den Vollrohrzucker-Anteil reduzieren.

Gekochte Edelkastanien mit Äpfeln

600 g geschälte Edelkastanien	in einem Kochtopf mit Wasser bedeckt 10 Minuten kochen lassen, herausnehmen, in eine Schüssel geben
4 Äpfel	schälen, vierteln, das Kerngehäuse entfernen, in Schnitze schneiden
30 g Rosinen	bereitstellen
60 g Vollrohrzucker **50 ml Wasser**	in einem Kochtopf aufkochen
Edelkastanien, Rosinen	beigeben, bei geringer Hitze 5 Minuten köcheln lassen
Apfelviertel	beigeben, aufkochen, dann 5 Minuten ziehen und abkühlen lassen
Dessert	lauwarm mit einer Schaumkelle in Gläser abfüllen
100 ml Rahm	schlagen, die Desserts damit garnieren

Tip
Wer es weniger süß liebt, kann den Vollrohrzucker-Anteil reduzieren.

Edelkastanienpralinen

500 g geschälte Edelkastanien	in einem Kochtopf zugedeckt mit Wasser 20 Minuten köcheln lassen, Kochwasser abgießen
Edelkastanien	in die Passiermaschine geben und in eine Schüssel seihen
15 g Butter **100 ml Milch** **1 Messerspitze Vanillepulver** **60 g Vollrohrzucker**	beigeben, gut mischen, ruhen lassen
Masse	zu nußgroßen Kugeln formen, in etwas Schokoladenstreusel wenden, servieren.

Tip
Wenn die Masse zu feucht ist, kann sie unter ständigem Rühren etwas erwärmt werden. Anschließend ruhen und erkalten lassen. In etwas Schokoladenstreusel wenden.
Wer es weniger süß liebt, kann den Vollrohrzucker-Anteil reduzieren.

Edelkastanieneis mit Makronen

250 gedörrte Edelkastanien	mit Wasser bedeckt über Nacht in einer Schüssel einweichen, Einweichwasser weggießen
200 ml Wasser	in einem Kochtopf aufkochen
Edelkastanien **1/2 Teelöffel Salz**	beigeben, 30 Minuten köcheln lassen, Kochwasser weggießen
Edelkastanien	in die Passiermaschine geben und in eine Schüssel seihen
150 g Vollrohrzucker **50 Kakaopulver** **150 g Butter** **2 Eßlöffel Rum**	beigeben, gut vermischen
100 ml Milch	dazurühren
Masse	auf drei Schüsseln verteilen
1. Teil der Masse	in eine Form mit Deckel, die im Tiefkühlfach aufbewahrt werden kann, einfüllen, glattstreichen
6 Makronen	darauf verteilen
2 Eßlöffel Rum	darüber träufeln
2. Teil der Masse	auf die Makronen geben, glattstreichen
6 Makronen	darauf verteilen
2 Eßlöffel Rum	darüber träufeln
restliche Masse	daraufgeben, glattstreichen, einige Stunden ins Gefrierfach stellen
Edelkastanieneis	herausnehmen, auf eine Platte stürzen, in Portionen schneiden
Kakaopulver	nach Belieben darüberstreuen

Tip: Anstelle von Rum kann auch Cointreau verwendet werden. Wer es weniger süß liebt, kann den Vollrohrzucker-Anteil reduzieren.

Eis mit Edelkastanien

1 Prise Salz **500 ml Wasser**	in einem Kochtopf aufkochen
300 g geschälte Edelkastanien	beigeben, 20 Minuten köcheln lassen, Kochwasser abgießen
Edelkastanien	in die Passiermaschine geben und in eine Schüssel seihen
5 Eigelb **150 g Vollrohrzucker**	in einer anderen Schüssel mit dem Schwingbesen gut verrühren
500 ml Milch **1 Messerspitze Vanillepulver**	in einem Kochtopf aufkochen und heiß in die Ei-Zuckermischung rühren, nochmals in die Pfanne zurückgießen, unter Rühren erhitzen, in einer Schüssel erkalten lassen
Edelkastanienpüree	mit der Eiercreme mischen, in die Eisschublade füllen, ca. 3 Stunden im Tiefkühlfach gefrieren lassen
Eis	herausnehmen, in Scheiben schneiden und anrichten

Tip
Kann mit geschlagenem Rahm garniert werden.
Wer es weniger süß liebt, kann den Vollrohrzucker-Anteil reduzieren.

Edelkastanieneis

1/2 Liter Wasser	in einem Kochtopf aufkochen
200 g geschälte Edelkastanien	beigeben, 20 Minuten köcheln lassen, Kochwasser weggießen
Edelkastanien	in die Passiermaschine geben und in eine Schüssel seihen
3 Eigelb **80 g Vollrohrzucker** **1 Eßlöffel Kartoffelmehl**	in einer Schüssel schaumig rühren, dazurühren
200 ml Milch	in einem Kochtopf aufkochen und noch warm in die Eimasse rühren
Edelkastanienpüree	dazurühren und in der Schüssel in ein heißes Wasserbad geben
Masse	mit dem Schwingbesen rühren, bis sie cremeartig wird. Aus dem Wasserbad nehmen und kräftig weiterrühren, bis die Creme erkaltet ist.
3 Eiweiß	schlagen, sorgfältig unter die Creme mischen
Creme	in ein tiefkühlfestes Gefäß abfüllen, im Tiefkühlfach ca. 2 Stunden gefrieren lassen
Eis	herausnehmen, in Portionen schneiden, auf Teller anrichten
200 ml Rahm	schlagen und damit die Eisportionen garnieren

Tip
Wer es weniger süß liebt, kann den Vollrohrzucker-Anteil reduzieren.

Konfitüre aus Edelkastanien und Honig

500 ml Wasser	in einem Kochtopf aufkochen
500 g geschälte Edelkastanien	beigeben und 20 Minuten köcheln lassen, Kochwasser abgießen
Edelkastanien	in die Passiermaschine geben und in eine Schüssel seihen
300 g Honig **100 ml Wasser** **1 Messerspitze Vanillepulver**	beigeben, mischen, 24 Stunden an einem nicht zu warmen Ort stehen lassen
Edelkastanienpüree	am anderen Tag in einen Kochtopf geben, unter stetem Rühren 20 Minuten kochen, in heiß ausgespülte Gläser einfüllen, verschließen
Konfitüre	an einem dunklen, kühlen und trockenen Ort aufbewahren

Tip
Wer es weniger süß liebt, kann den Honig-Anteil reduzieren.

Edelkastanienfrappé

100 g geschälte Edelkastanien **400 ml Wasser**	in einem Kochtopf 20 Minuten köcheln lassen
Edelkastanien	mit einer Schaumkelle herausnehmen und in einer Schüssel erkalten lassen
600 ml kalte Milch **40 g Vanilleeis**	und die Edelkastanien in einen Mixbecher geben, gut mixen und in Milchgläsern kalt servieren

Tip
Statt der gekochten Edelkastanien kann man auch 2 Eßlöffel Edelkastanienkonfitüre beigeben.

Geschichte der Edelkastanie

(Castanea vesca G./Castanea sativa M.)

Die Edelkastanie ist einer der größten und mächtigsten Bäume Mitteleuropas. Die Krone ist ausladend und mit langen, gezähnten Blättern dicht besetzt. Sie hinterläßt einen bleibenden Eindruck, namentlich im Vorsommer, wenn sie mit weißen, duftenden Blütten reich geschmückt ist, oder im Herbst, wenn die Äste mit ungezählten Kastanien in stachligen Hüllen schwer beladen sind. Sie übertrifft selbst die Eiche. Die Kastanie war nicht nur in vielen Gebieten ein wichtiger Lebensmittellieferant, sie verschaffte auch Bau- und Brennholz, Laubstreu und Gerbstoff. An Steillagen und alten Moränenzügen festigte sie den Boden.

Die Edelkastanie ist ein Baum des südlichen Europa, sie ist im größten Teil des Mittelmeergebietes, in Kleinasien und in den Kaukasusländern verbreitet. Sie findet sich aber auch in Belgien, Deutschland und England. Am Südhang der Alpen kommt die Kastanie bis 1200 m vor. Auf der Alpennordseite umsäumte sie noch um die Jahrhundertwende in der Schweiz den ganzen Vierwaldstättersee und den oberen Zugersee.

Das Kastanienholz ist außerordentlich dauerhaft, hart wie Eichenholz, sehr schwer (spezifisches Gewicht 1,0 in frischem und 0,66 in lufttrockenem Zustand), elastisch und tragfähig. Das Kastanienholz wurde früher für den Bau von Häusern und Ställen verwendet. Die drei- bis fünfjährigen Pflanzen dienten als Faßreifen und die zehn- bis zwölfjährigen als Rebpfähle mit etwa 5 cm Durchmesser und 5–7 m Höhe. Bis 1915 wurden in der Schweiz zwanzig- bis dreißigjährige Pflanzen auch als Leitungs- und Telegraphenstangen eingesetzt. Diese hielten 30, 40 und mehr Jahre, wurden aber dann durch Fichtenstangen verdrängt.

Große Bedeutung hatten Holz und Rinde der Kastanie für die Herstellung von Tanninextrakt. Dieses war lange ein unentbehrliches Gerbmittel der Lederindustrie. Heute ist es weitgehend durch synthetische Gerbstoffe verdrängt.

Als Brennholz liegt Kastanienholz hinsichtlich seiner Brennkraft mit 3174 Kalorien zwischen Buchenholz (3408 Kalorien) und Pappelholz (3139 Kalorien). Kastanienholz ist für offene Kamine nicht beliebt, weil es stark knistert und Funken sprüht. Das läßt sich aber beheben, wenn man das aufgeschichtete Kastanienholz im Regen und an der Sonne stehen läßt.

Die »Urahnen« der Kastanien wurden in Grönland und Alaska gefunden. Man nimmt an, daß sie von dort nach Mitteleuropa eingewandert sind. Während der Vergletscherung ist die Kastanie aus weiten Teilen Europas verschwunden, nach der letzten Eiszeit ist sie aber wieder zurückgekehrt.

Da sie vorwiegend durch Vögel und Nagetiere verbreitet wurde, geschah dies langsam. Vor ihr hatten weniger wärmebedürftige Holzarten vom alten Boden Besitz genommen, so z. B. Buchen, Ulmen und Linden. Die Kastanie konnte sich nur dort durchsetzen, wo sie mit ihren tiefen Wurzeln und ihren derben Blättern (und damit geringeren Ansprüchen an die Luft- und Bodenfeuchtigkeit) den anderen Bäumen überlegen war.

Ein erstes Zeugnis über Kastanien findet sich bei Theophrast (390–286 v. Chr.), der sie als Zeus-Eiche bezeichnet. Virgil (»... wir haben schmackhaftes Obst, weiche Kastanien und Vorrat an Käse.«) und Plinius (70–19 v. Chr. und 24–79 n. Chr.) erwähnen die Kastanie erstmals als solche. Die Bezeichnung dürfte aus dem Armenischen stammen.

Kastanien-Niederwaldungen gab es in Italien schon zur Zeit der römischen Kaiser. Auf der Süd-Nord-Seite der Alpen hat sich die Kastanie wahrscheinlich nicht natürlich verbreitet, sondern sie wurde durch Menschen dort angepflanzt. Die Römer haben mit der Weinrebe auch die Kastanie in Mitteleuropa eingeführt. Heute noch erinnern Ortsnamen an das damalige Vorkommen von Kastanien, wie Châtenay (bei Paris), Kastanienbaum (bei Luzern), Kestenberg (um 1090: Kestenburg) bei Speyer, Castagnola bei Lugano u. a. m.

Im Grundriß des Klosters St. Gallen von 820 sind neben anderen Frucht- und Zierbäumen auch Kastanienbäume genannt. Nach Albertus Magnus (1193–1280) ist der »Kastanienbaum bei unserer Bevölkerung sehr bekannt«. Große Bedeutung dürfte der Baum jedoch in Mitteleuropa erst im 14./15. Jahrhundert gewonnen haben. Das zeigt, daß die Kastanie damals in weiten Gebieten ein wichtiges *Volksnahrungsmittel* war.

Die Bezeichnung Marroni oder Marone war schon um 1170 in Italien gebräuchlich. 1845 werden in einem Schriftstück aus der Schweiz Marren und Kastanien unterschieden. Die Marroni sind eine durch Kultur entstandene Art mit großen, breiten, kugeligen Früchten, von denen meist nur eine (statt wie üblicherweise drei) in der Hülse steckt. Marroni sind also eigentlich *eine* der vielen Arten der Edelkastanie (die fruchttragenden Kastanienbäume sind in der Regel veredelt).

Das Dörren geschah früher im Tessin in der Schweiz in einfachen Steinhäuschen (Gra). Dort befand sich in einer Höhe von 1 1/2 Metern ein Rost, auf dem die Früchte etwa 50 cm hoch aufgeschichtet wurden. Unter diesem Rost wurde während mindestens drei Wochen ein rauchendes Feuer unterhalten. Die Kastanien wurden jede Woche gewendet. Je *langsamer das Dörren geschieht, desto schöner und haltbarer sind die Kastanien.* Beim heutigen elektrischen Dörren läßt sich nicht mehr diese Qualität erreichen. Die Schalen wurden mit Dreschbrettern oder Flegeln entfernt. Die gedörrten Kastanien verlieren durch das Dörren etwa 2/3 des Gewichtes; sie lassen sich mehr als ein Jahr aufbewahren.

Vom 17. Jahrhundert an ist der Anbau der Kastanien stark zurückgegangen. Das ist auf eine Reihe von Ursachen zurückzuführen. Die aufkommenden Kartoffeln und die zunehmende Einfuhr von billigem Getreide, Mais und Reis verdrängten die teureren und aufwendigen Kastanien.
Bei steigenden Löhnen wurden die arbeitsintensiven Kastanien immer weniger konkurrenzfähig. Die Kastanie eignet sich nicht für eine intensive Landwirtschaft. Der Schatten der Bäume wirkt hemmend auf den Wuchs von Gras und Feldfrüchten.

In neuerer Zeit hat ein Umdenken eingesetzt. Man sucht nach Wegen, Kastanienwälder, die durch schlechte Pflege krank geworden sind, zu retten und andere anzubauen. Mit Erfolg, wie das Beispiel im Tessin zeigt. Dort wurden vor einigen Jahren ca. 8000 Hektar kranke Kastanienbäume durch neue ersetzt, die inzwischen wieder Früchte gebildet haben. Heute beträgt die Gesamtfläche, die im Tessin mit Edelkastanienbäumen angebaut ist, ca. 15 800 Hektar.

Wo soll man Kastanienbäume setzen?

Die Begeisterung über den Nutzen der Kastanie könnte dazu führen, überall Kastanienbäume zu setzen. Enttäuschungen wären jedoch oft die Folge. Das geographische Vorkommen der Edelkastanie läßt auf Ansprüche an den Standort schließen:

Notwendig ist ein *mildes* Klima. Die Edelkastanie blüht erst spät, bei einer Temperatur von 15–18°C. Zu einer vollkommenen Reife der Früchte ist eine lange Vegetationsdauer und eine große Wärmemenge notwendig: Die Summe der täglichen Temperaturen von der Blüte bis zur Ernte soll 2000–2300°C betragen. Zum Ausreifen der Früchte ist ein warmer Herbst unentbehrlich. Besonders günstig sind dabei in Mitteleuropa Seeufer (der See wärmt im Herbst, das Wasser reflektiert die Sonnenstrahlen). Dank der insularen Lage ist England geradezu eine zweite Heimat der Kastanie geworden. In rauhen Lagen kann man zwar auch Kastanienbäume pflanzen, doch sind die Erträge sehr gering. Am ertragreichsten sind sonnige Hänge zwischen 400 und 800 Metern über dem Meeresspiegel. Nur kümmerliches Wachstum ist zu erwarten bei windigem, lehmigem und nassem Boden. Ungünstig sind nasse Niederungen und nasse Mulden.

Die Kastanie gedeiht am besten auf Urgestein, ganz besonders auf Moräneablagerungen und ehemaligen Felsstürzen. Die Kastanie ist *sehr kalibedürftig* (wie Ginster, Heide und Adlerfarn: wo diese vorkommen, hat auch die Kastanie gute Bedingungen). Die Kastanie verlangt *kieselsäurereiche* Böden, und zwar deshalb, weil es fast ausschließlich Silikate sind, die das Kali absorbieren und den Pflanzen zuführen. Als Nährstoff selbst spielt das Kali allerdings eine ganz untergeordnete Rolle. Die Absorptionswirkung im Boden und die chemisch-physikalischen Wechselwirkungen zwischen Klima und Böden sind für das Gedeihen des Baumes von größter Bedeutung.

Die Edelkastanie bei Hildegard von Bingen

Der Kastanienbaum wird in Kapitel 3-12 der »Physica« behandelt. Dies betrifft die Edelkastanie; die Roßkastanie war zu Hildegards Zeiten in Mitteleuropa noch nicht bekannt, sie fand in Europa erst ab 1575 von Wien aus Verbreitung. In der »Physica« sind ganz allgemein nur Pflanzen und Tiere aufgeführt, die im 12. Jahrhundert in Mitteleuropa vorkamen oder doch bekannt waren.

Nach Hildegard ist alles, was in diesem Baum ist, und auch seine Frucht *nützlich gegen jede Schwäche, die im Menschen ist.*

Erstaunlich vielseitig sind die Empfehlungen in der »Physica«:

Gichtkrank und jähzornig (R3-064, Blätter und Schalen)

Wer gichtkrank ist und daher jähzornig, weil die Gicht immer mit dem Zorn einhergeht, der koche Blätter und Schalen der Früchte in Wasser und mache damit ein Dampfbad. Er mache das oft, und die Gicht in ihm wird weichen, und er wird einen milden Sinn haben.

Adern und alle Kräfte des Körpers werden gestärkt (R3-067a, Holz)

Man mache aus seinem Holz einen Stecken und trage ihn in der Hand, so daß diese dadurch warm wird. Aus dieser Erwärmung werden die Adern und alle Kräfte des Körpers gestärkt.
(Erhältlich sind Edelkastanienholz, Spazierstöcke aus Edelkastanienholz).

Bringt dem Kopf Gesundheit (R3-067b, Holz)

Der Duft dieses Holzes bringt dem Kopf Gesundheit.

Wer schwach im Kopf ist (R3-068, Fruchtkerne)

Wenn das Gehirn durch Trockenheit leer ist und man dadurch Schmerzen im Kopf hat: Fruchtkerne in Wasser kochen, nichts anderes beifügen, Wasser abgießen, Fruchtkerne oft nüchtern und nach dem Essen nehmen: das Gehirn wächst und wird gefüllt, die Nerven werden stark, der Schmerz im Kopf weicht.

Herzschmerzen und Traurigkeit (R3-069, rohe Fruchtkerne)

Wer im Herz Schmerzen hat und so traurig wird, esse oft die rohen Kerne. Dies gießt seinem Herz einen Saft wie Schmelz ein, er wird an Stärke zunehmen und seinen Frohsinn wieder finden.

Leberschmerzen (R3-070, nicht in allen Handschriften, Fruchtkerne)

Die Kerne zerquetschen, in Honig legen, oft zusammen mit diesem Honig essen, die Leber wird gesund.
(Erhältlich ist der Edelkastanienhonig 30% als Fertigmittel.)

Milzschmerzen (R3-071, nicht in allen Handschriften, Fruchtkerne)

Kerne etwas am Feuer braten, oft etwas warm essen (Marroni!). Die Milz wird warm und strebt nach völliger Gesundheit. Nach Hildegard wirkt eine kranke Milz auf das Herz und führt so zu Herzschmerzen.

Magenschmerzen (R3-072, Fruchtkerne)

Kerne stark in Wasser kochen, im Wasser zu Brei zerkleinern, außerdem in einer Schüssel Semmelmehl (Feinmehl) mit Wasser mischen, d. h. klopfen, Süßholzpulver und etwas weniger Pulver von Engelsüß dazugeben, dann nochmals mit den genannten Kernen kochen, ein Mus bereiten und davon essen. Das reinigt den Magen und macht ihn warm und kräftig.
(Erhältlich als Fertigmittel unter der Bezeichnung Marronibreimischung.)

Wer war Hildegard von Bingen?

Hildegard von Bingen hat im 12. Jahrhundert im deutschen Rheinland gelebt. Sie wurde 1098 geboren und ist am 17. September 1179 gestorben. Es war eine unerfreuliche Zeit: In Europa stritten Kaiser und Papst um die weltliche Vorherrschaft, viele Bischöfe und Äbte sorgten sich mehr um Macht und Geld als um das seelische Heil ihrer Untertanen. Es war die Zeit der Kreuzzüge und der blutigen Verfolgung von Irrlehren.

Zeit ihres Lebens war Hildegard oft so schwer krank, daß sie an das Bett gebunden war. Und trotzdem hat sie unvorstellbar viel geleistet. Mit etwa 17 Jahren wurde sie Nonne im Benediktinerinnenkloster auf dem Disibodenberg, mit 38 Jahren Äbtissin des Klosters. Sie hat zwei neue Klöster (Rupertsberg und Eibingen) errichtet und geleitet. Noch im hohen Alter hat sie vier mühsame Reisen unternommen und dabei in Klöstern und in der Öffentlichkeit gepredigt, gewarnt und zur Umkehr aufgerufen. Das war für jene Zeit etwas ganz Außergewöhnliches.

Hildegard von Bingen hatte zeit ihres Lebens die Gabe der Vision. Sie schreibt selber darüber: »Bei meiner ersten Gestaltung, als Gott mich im Schoß meiner Mutter durch den Hauch des Lebens erweckte, prägte er dieses Schauen meiner Seele ein.« Sie sah bis zu ihrem Lebensende viele Dinge nicht mit den äußeren Augen und hörte sie nicht mit den äußeren Ohren. »Ich sehe sie vielmehr einzig in meiner Seele, mit offenen leiblichen Augen, so daß ich niemals die Bewußtlosigkeit einer Ekstase erleide, sondern wachend schaue ich dies, bei Tag und bei Nacht.«

Hildegard hat ihre Visionen ab ihrem 42. Lebensjahr vor allem in drei großen Werken in lateinischer Sprache niedergeschrieben, in Scivias (Wisse die Wege), im Liber Vitae Meritorum (dem Buch der Lebensverdienste) und im Liber Divinorum Operum (Welt und Mensch). Daneben hat sie die Visionen in vielen Briefen festgehalten, in einem Singspiel und in Liedern, in kleineren Werken und vor allem in einem medizinischen Werk.

Dieses medizinische Werk ist im Original nicht bekannt, überliefert sind aber zwei Teile durch Handschriften aus dem 13. und 15. Jahrhundert. Der eine Teil ist heute bekannt unter dem Titel Causae et Curae (Ursachen und Behandlung der Krankheiten), der andere als Physica (Heilmittel der Natur). In dieser Physica sind die Heilkräfte von rund 500 Pflanzen und Bäumen, Tieren, Vögeln, Fischen und Edelsteinen beschrieben. Eines der Kapitel befaßt sich mit der Edelkastanie, die das Thema dieses Kochbuches ist. Daneben enthalten aber sowohl Physica als auch Causae et Curae noch zahlreiche weitere Empfehlungen für die richtige Ernährung.

Ewiges Heil (Erlösung) und irdisches Heil (Gesundheit) hängen eng zusammen. Alle Werke Hildegards befassen sich mit der Heilsgeschichte, dem ewigen und dem irdischen Heil. Eines ihrer visionären Lieder gilt »Maria, mater sanctae medicinae«. Das könnte man übersetzen mit: »Maria, Mutter der heiligen Heilkunst.« Es heißt aber richtig: »Maria, Mutter der Eucharistie.« Durch das ganze Werk zieht sich der eine und entscheidende Gedanke:

»Gottes Barmherzigkeit kennt keine Grenzen und kein Ende, es sei denn, der Mensch selbst verschließt sich gegen Gott.« (Scivias)

Gerade die heutige Theologie kann bei Hildegard viel lernen. Das setzt aber voraus, daß man sie nicht dazu mißbraucht, ihr eigene, unausgegorene Gedanken unterzuschieben.

Hildegard von Bingen ist nie offiziell heiliggesprochen worden. Der Heiligsprechungsprozeß versandete in der Kirchenadministration. Trotzdem gilt sie mit Recht als Heilige. Sie hat gerade unserer Zeit, am Ende der sogenannten Neuzeit und am Vorabend einer neuen friedlichen und wieder gotttreuen Zeit, viel zu sagen.

Bezugsquellen

Schweiz

Hildegard-Vertriebs AG, Aeschenvorstadt 24, CH-4010 Basel,
Tel. 061/2722479

Deutschland

Herrenbach Apotheke, Friedberger Straße 73, D-8900 Augsburg,
Tel. 0821/552844.
Jura Naturheilmittel, Nestgasse 2, D-7750 Konstanz, Tel. 07531/31487.
Zähringer-Apotheke, Zähringerplatz 17, D-7750 Konstanz, Tel. 01531/62317.
Max-Emanuel-Apotheke, Belgradstr. 21, D-8000 München 40,
Tel. 089/3087895.

Österreich

Helmut Posch, Am Weinberg 23, A-4880 St. Georgen, Tel. 07667/361.

Literaturverzeichnis

Basler Hildegard-Gesellschaft (Hrsg.), Hl. Hildegard, Dinkelkochbuch, Pattloch Verlag, 1991

Basler Hildegard-Gesellschaft (Hrsg.), Hl. Hildegard, Heilkraft der Natur, »Physica«, Pattloch Verlag, 1991

Breindl, Ellen, Gesund und schmackhaft kochen mit der Hl. Hildegard von Bingen, Pattloch Verlag, 1990

Breindl, Ellen, Das große Gesundheitsbuch der Hl. Hildegard von Bingen, Pattloch Verlag, 1989

Pawlik, Manfred (Hrsg.), Hl. Hildegard, Heilwissen, Pattloch Verlag, 1989

Schiller, Reinhard, Hildegard Medizin Praxis, Pattloch Verlag, 1990

Schiller, Reinhard, Hildegard Pflanzenapotheke, Pattloch Verlag, 1991

Storch, Walburga OSB (Hrsg.), Hl. Hildegard, Scivias, Pattloch Verlag, 1990

Persönliche Notizen
(Korrekturen, Ideen, Vorschläge)

Persönliche Notizen (Korrekturen, Ideen, Vorschläge)

Persönliche Notizen
(Korrekturen, Ideen, Vorschläge)